한국과 일본,
그 사이의 역사

한국과 일본

그 사이의 역사

두 나라 **역사 교사**가 **같이** 쓰고
청소년이 **함께** 읽는 **한일 근현대사**

한일공통역사교재 제작팀 지음

Humanist

한국과 일본의 평화와 인권을 지켜나갈
미래의 파수꾼들에게

이 책은 한국의 전국교직원노동조합 대구지부와 일본의 히로시마현교직
원조합이 함께 만들었습니다. 두 조합은 2001년 8월 평화와 인권 교육을
함께 추진해나가기 위해 〈상호 교류와 협력에 관한 의정서〉를 체결한 후
한국과 일본 청소년이 같이 배우는 공통의 역사책을 만들고자 노력해왔
습니다. 그 첫 번째 결과로 2005년에 《조선통신사─도요토미 히데요시
의 조선 침략과 우호의 조선통신사》를 출간하여 많은 관심을 받았고, 이
책은 두 번째 결과물입니다.

　《조선통신사》에서는 일본과 조선이 도요토미 히데요시의 조선 침략
이후 국교를 회복하고 통신사를 통해 왕래하던 우호의 시기를 다루었습
니다. 이 책에서는 그 이후 두 나라가 개항(일본에서는 개국이라고 합니다)
을 거치면서 침략과 독립운동, 그리고 전쟁으로 대립하던 시기를 다루고
있습니다.

　서로 대립할 때 어느 한쪽을 편든다면 상대편 입장을 이해하기 어렵습
니다. 그래서 우리는 국가와 민족의 틀에서 벗어나 가능한 한 객관적인
역사 사실에 따라 서술하기로 원칙을 정했습니다. 다시 말해서 사실을

있는 그대로 들려주기 위해 노력했습니다. 이는 역사 서술을 할 때 당연한 원칙이기도 합니다. 따라서 이 책을 읽는 여러분도 자국의 입장에서 벗어나 객관적이고 균형 잡힌 관점으로 이 책을 읽어주기 바랍니다.

이 책은 두 나라 역사가 어떻게 얽혀 있는지 그 관계의 역사를 중심으로 살펴보고 있습니다. 그래서 중국뿐 아니라 국제정세의 변화 등은 최소한의 기술에 머물고 있습니다. 대신에 두 나라가 근대 시기 어떻게 다시 관계를 맺었으며, 그 관계의 모습은 어떠했는지를 촘촘하게 드러내고자 애썼습니다. 국가 차원뿐 아니라 민중의 모습을 많이 보여주고자 했고, 또 우리가 몸담고 있는 지역인 대구와 히로시마의 도시 이야기를 많이 들려주고자 노력했습니다.

이 책은 개항에서 시작해 전후 현재까지의 시기를 총 4부로 나누어 구성했습니다. 먼저 프롤로그를 통해 개항 전 동아시아는 어떤 모습이었는지를 들려주고 있습니다. 1부 '개항과 근대화'에서는 한국과 일본이 어떻게 개항 또는 개국을 하는지 살펴보았습니다. 일본은 페리 제독에 의해 문호를 개방하고 불평등 조약을 맺었습니다. 그리고 일본은 동일한 방식으로 조선에 개항을 요구합니다. 2부 '침략과 저항'에서는 일찍 근대화에 성공한 일본이 아시아의 리더가 되기 위해 한반도를 둘러싸고 두 차례 전쟁을 벌이고 승리해나가면서 한국병합으로 이어지는 격동기를 다루고 있습니다. 일본의 한반도 침략에 대한 한국인의 저항뿐 아니라 일본 민중이 이에 어떻게 저항했는지도 함께 살펴볼 수 있습니다. 3부 '식민 지배와 독립운동'에서는 일본이 한국을 병합하여 식민 지배하고 아시아·태평양전쟁을 일으키는 시기의 이야기를 들려줍니다. 특히 침략을 당한 한국인이 제국주의에 어떻게 저항했는지, 침략국의 일본 민중은 또 어떤 고통을 받았는지를 들려주고 있습니다. 4부 '전쟁에서 평화로'에서는 1945년 아시아·태평양전쟁 이후 한국과 일본의 역사를 들려줍니다. 그리고 두 나라 사이에 아직도 남아 있는 문제가 무엇이 있는지 살펴보았습니다.

한국과 일본 두 나라 청소년들은 근현대사를 어렵게 느끼고 있는 듯합니다. 아예 관심을 가지지 않는 청소년도 많습니다. 그래서 좀 더 쉽게 흥미를 갖고 읽을 수 있는 역사책을 만들려고 힘썼습니다. 이 책의 저자는 대구와 히로시마에서 역사를 가르치는 교사들입니다. 저자들은 두 나라 역사를 상세하게 풀어 쓰고자 노력했습니다. 100년 전 역사를 좀 더 생생하게 느끼면서 읽을 수 있도록 당시 사람들이 어떻게 생활했는지를 자세하게 서술했습니다. 일본과 한국 학생들의 이해를 높이기 위해 도판 자료를 많이 활용하고, 어려운 용어는 풀어서 썼으며, 부득이하게 사용할 때는 설명글을 덧붙였습니다.

그러나 일본 학생들은 한국의 독립운동이 생소할 것이고, 한국 학생들은 메이지유신을 추진한 일본 사람들 이름이 낯설고 기억하기도 힘들 것입니다. 왜 두 나라 역사가 침략과 전쟁의 역사일 수밖에 없었는지, 이러한 역사를 어떻게 받아들여야 할지도 고민스러울 것입니다.

역사 공부를 통해 얻을 수 있는 가장 큰 가르침은 반성입니다. 한국과 일본이 미래에 평화적인 관계를 지속하기 위해서는 과거 역사를 확실히 아는 것이 중요합니다. 아픈 역사일수록 덮어두기보다 서로가 더 잘 알 수 있도록 드러내는 것이 필요합니다. 그래야 다시는 그러한 역사를 되풀이하지 않기 위해 어떤 노력을 기울여야 할지를 고민하고 실천할 수 있고, 평화와 우호의 미래로 나아갈 수 있기 때문입니다. 두 나라가 공동의 역사인식을 가져야 하는 이유도 여기에 있습니다. 비록 언어는 다르지만 동일한 내용의 이 책을 읽으며 두 나라 청소년이 공동의 역사인식을 가질 수 있기를 바랍니다. 더 나아가 평화와 인권을 지키는 파수꾼이 두 나라에서 많이 나오기를 기대해봅니다.

2012년 11월

한일공통역사교재 제작팀

신뢰가 만들어낸 또 하나의 작은 희망

아이들이 역사를 배우는 것과 역사에서 배운다는 것이 어떤 의미가 있는지 묻는다면, 어떻게 대답해야 할까요?

한국과 일본 두 나라 교사들이 한일 공통의 역사책을 만들겠다면서 조언을 부탁했을 때 저는 역사에서 배울 수 있는 것 두 가지를 떠올렸습니다. 하나는 모범을 배움으로써 지금의 과제를 뛰어넘을 지혜와 용기를 얻는 것이고, 또 하나는 잘못된 역사를 제대로 알게 됨으로써 같은 잘못을 반복하지 않는 것입니다. 저는 이런 생각을 바탕으로 이 책을 만드는 일에 조언을 해왔습니다. 또, 두 나라 집필진이 국적이나 민족의 울타리를 넘어 한 사람의 인간이자 교사로서 다음 세대에게 무엇을 전하고 싶은지 자문하고 논의하면서 역사인식을 공유해나가기를 바랐습니다.

"신뢰가 있으면 할 수 없는 일도 할 수 있다"라는 말처럼, 양국 집필진이 이번에 두 번째 결과물을 낼 수 있었던 것은 신뢰가 있었기 때문입니다. 신뢰 관계는 간단히 형성될 수 있는 것이 아닙니다. 집필진은 수차례의 토론과 마찰을 반복하면서 서로의 의견을 기탄없이 주고받는 가운데 동상이몽이 동상동몽이 되는 길을 걸어왔습니다. 그러는 사이에 '공통의 인식'이 소리 없이 다가와 깊은 신뢰 관계를 만들었던 것입니다.

일본이 제국주의를 확장해나가는 과정에서 1910년 대한제국은 역사에서 사라졌습니다. 그런데 대한제국 당시 한국, 한국인이라 불린 사람들이 식민지 시대에는 왜 '조선', '조선인'이라고 불렸을까요? 일본은 병합시켜 곧 사라질 나라에 대해 나라 '국(國)'자를 붙여 '한국'이라 부르는 것을 눈엣가시 같은 일로 여겼습니다. 그리하여 일본은 한국병합조약문 부칙에 메이지 덴노의 이름으로 "한국을 조선으로 한다"라는 내용을 넣었습니다. 우리는 이런 사실을 어떻게 이해해야 할까요?

또한, 저는 이 책의 집필진에게 '친일파'라는 단어에 대해서도 문제 제기를 했습니다. 한국에서는 '친일파'를 일본에 나라를 팔아넘긴 무리, 즉 매국노라는 의미의 역사용어로 쓰고 있지만, 일본 학생들은 '친일'은 일본과 친하다는 의미인데 왜 그것이 나쁜지 의아해할 것입니다. 일본에서도 아시아·태평양전쟁 시기에 미국과 영국을 귀축미영(鬼畜美英, 귀신이나 짐승과 같은 미국과 영국)이라 부르고, '친미파'를 매국노의 의미로 썼습니다. 하지만 지금은 친미파라는 단어를 부정적으로 사용하지 않고 있습니다. 그래서 이 책에서는 '친일파'를 '친일반민족행위자'라고 좀 더 역사적 의미를 살려 쓰고 있습니다. 이 한 번의 시도로 한일 양국 간 역사인식의 차이가 완전히 사라지지는 않겠지만, 작은 노력에서부터 변화를 일으킬 수 있다고 생각합니다.

저는 이 책을 만드는 과정을 보면서 한국과 일본이 역사 마찰을 넘어 역사 사실을 공유할 수 있으리라는 희망의 빛을 발견했습니다. 꿈을 함께 실현하기 위해 노력하던 중 고다마 가이소 선생이 세상을 떠났지만, 고다마 선생도 하늘에서 이 책의 출판을 기뻐하며 웃고 있을 것입니다.

2012년 11월 25일

김양기(도쿄하카쿠엔대학 명예교수)

| 차례 |

3부 식민지 지배와 독립운동

1장 대한제국, 일본의 식민지가 되다

2장 일본, 조선을 발판으로 동아시아를 침략하다

4부 전쟁에서 평화로

1장 일본의 패전, 해방을 맞이한 조선

2장 남은 과제와 한일 우호를 지향하며

일러두기

1. 일본의 인명, 지명, 고유명사 표기는 국립국어원 외래어 표기법에 따랐다.

2. 한국은 1896년부터 양력을 사용했다. 따라서 1895년까지의 역사 사건은 음력으로 표기했으며, 독자의 이해를 돕기 위해 필요에 따라 양력을 괄호 안에 병기했다.

3. 한국의 국명은 시대순에 따라 구분했다. 1897년 대한제국 성립기 이전까지는 조선, 1897년 10월 12일부터 1910년 8월 29일까지는 대한제국(한국), 일제 시기는 식민지 조선, 그리고 해방 후에는 한국이라 지칭했다. 또한 대한제국 시기에는 '한국인'이라는 표현을 썼으며, 일제 식민지 시기와 해방 후 대한민국 수립 이전 시기에는 '조선인'이라고 표기했다. 수도 서울은 1910년 이전에는 '한성', 일제 식민지 시기에는 '경성', 해방 후에는 '서울'로 표기했다.

4. 이 책은 한국(대구)과 일본(히로시마)의 역사 교사가 함께 집필했으며, 사진과 도판, 그래프 등의 이미지 자료 또한 동일하게 사용했다. 단, 이미지 자료의 캡션과 설명주는 한국 독자의 이해를 돕기 위해 한국 집필진이 추가로 작성했다.

5. 이 책은 일본 청소년의 이해를 돕기 위해 한국에서 통상적인 역사용어로 사용하는 '친일파'를 '친일반민족행위자'로 표기했다.

■ 자료 제공 및 소장처

10월항쟁유족회, 2·28민주운동기념사업회, 김상규, 김성철, 나눔의집, 뉴스뱅크, 대구광역시, 독립기념관, 민족문제연구소, 박재홍, 서울대학교 규장각한국학연구원, 아시아평화와역사교육연대, 위키피디아, 윤민근, 이영란, 장대수, 정신대할머니와 함께하는시민모임, 조선신보, 사단법인 통영사연구회, 포스코, 합천원폭피해자복지회관, 히로시마평화기념자료관. 이 책에 쓰인 이미지는 정해진 절차에 따라 저작권자의 허락을 받아 사용했습니다. 게재 허락을 받지 못한 이미지에 대해서는 저작권자가 확인되는 대로 게재 허락을 받고 통상적인 기준의 사용료를 지불하겠습니다.

중국

러시아

사할린

•하바로프스크

•하얼빈

홋카이도

•지린

블라디보스토크•

•삿포로

회령•   •웅기
무산• •나진
    •청진

아오모리

도호쿠

•강계
    성진•

•수풍
•신의주
용암포• •정주 함흥• •흥남

동 해

•센다이

•니가타
니가타

후쿠시마

•평양   •원산
진남포•
•겸이포
은율•
•해주 •개성   •강릉
    인천• •서울

대한민국

일본

간토

이사카와   나가노
    주부
후쿠이   •도쿄
야마나시 요코하마• •지바
        요코스카•
        가나가와

•천안

•대전
•대구 •경주
•군산   마쓰에•   돗토리•   교토
    마산•   하마다• 주고쿠   효고 긴키
목포• •광주 통영• •부산   오카야마• •고베 나라
        진해•   야마구치 히로시마• •오사카 오사카
    쓰시마•   •구레 가가와 와카야마
            기타큐슈•   에히메
            후쿠오카• •시모노세키   고지
제주도   사세보• 사가 후쿠오카   시코쿠
        •나가사키 구마모토
        미나마타• 규슈
            가고시마 미야자키

사쓰마 반도

태평양

오키나와

개항 이전 시기, 동아시아는 어떤 모습이었을까?

19세기 이전 동아시아 국가들은 중국을 중심으로 교류하고 있었습니다. 중국을 지배했던 여러 왕조는 중국이 세계의 중심이라고 생각했습니다 (중화사상). 그래서 주변국과 교류할 때 이러한 중화사상을 인정하는 나라에 한해 그 대가로 교역을 허락했습니다.●

그러나 이런 외교 방식이 변함없이 유지된 것은 아닙니다. 특히 동아시아에서 조선·중국·일본은 저마다의 정치 상황이 바뀔 때마다 전쟁과 친선 교류를 되풀이했습니다. 일본의 도요토미 히데요시가 군대를 이끌고 조선을 침략했을 때 조선군은 명군과 연합해 대항했습니다(1592년의 임진왜란과 1597년의 정유재란).●● 이후 여진족이 세운 청이 명(한족)을 멸망시키자 조선은 한족의 나라를 정통으로 생각하고 있었기에 청을 배척했습니다. 이로 인해 조선은 청의 침략을 받았습니다(병자호란, 1636년). 청과의 전쟁에서 진 조선은 이후 전쟁을 피하고 평화를 유지하기 위해 청과 교류했습니다.

일본은 청과 공식적으로 국교를 맺지는 않았지만 나가사키 항을 통해 무역을 했습니다. 또, 서양 국가들 중에서는 유일하게 네덜란드와 무역을 하며 그 밖의 다른 나라에게는 입항을 허용하지 않았습니다.

● 중화사상을 바탕에 둔 중국 중심의 외교 관계를 '책봉-조공 관계'라고 한다.

●● 일본에서는 임진왜란과 정유재란을 각각 분로쿠노에키(文禄の役), 게이초노에키(慶長の役)라고 부른다.

18

임진왜란 후 중단된 조선과 일본의 외교 관계는 일본의 요청으로 재개되었고, 조선이 일본의 통신사 파견 요청을 받아들이면서 200여 년 동안 평화적인 관계를 유지했습니다. 그러나 일본에서 통신사를 접대하는 데 비용이 지나치게 많이 든다는 비판이 일었습니다. 이러한 비용 문제와 일본 내 복잡한 정세가 맞물리면서 통신사는 1811년 쓰시마 방문을 마지막으로 더 이상 파견되지 않았습니다. 그 후 조선과 일본은 1876년 조일수호조규(강화도조약)를 체결할 때까지 공식적인 외교 교류를 하지 않았습니다.

한편, 18세기 말 영국에서는 산업혁명을 통해 동력과 기계를 이용하여 면직물을 대량 생산했습니다. 이후 서양의 여러 나라는 면직물을 판매할 시장과 필요한 원료를 구하기 위해 아시아로 눈을 돌렸습니다. 가장 먼저 영국이 인도를 침략해 식민지로 삼았습니다. 영국은 인도에서 생산된

1860년대 전후 아시아

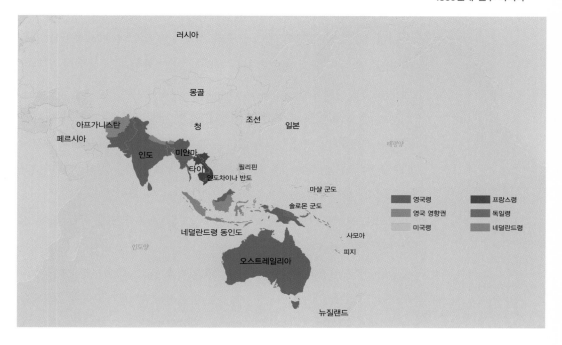

값싼 목화로 면직물을 만들어 다시 인도와 아시아 여러 나라에 팔았습니다. 네덜란드는 지금의 인도네시아를 침략해 식민지로 삼았고, 스페인(에스파냐)은 필리핀을 지배하여 마닐라삼과 사탕수수 등의 원료를 확보했습니다. 프랑스는 베트남과 캄보디아를 침략했습니다.

영국은 청과의 무역에도 착수했습니다. 당시 청은 해금 정책●을 고수하며 유일하게 광저우 항만을 외국에 개방했습니다. 광저우 항에서는 황제의 허가를 받은 상인 조합만이 서양인과 무역을 할 수 있도록 제한했습니다(광둥무역). 영국은 청에 자유무역을 요구했지만 청은 이를 거부하고 광저우 항을 통한 무역만을 허용했습니다. 영국은 청에서 차(茶)를 대량으로 수입했는데, 그 값을 은으로 지불했기 때문에 많은 양의 은이 청으로 빠져나가 무역적자가 심각했습니다. 영국은 이 문제를 해결하기 위해 인도에서 생산된 아편을 대량으로 청에 몰래 들여와 중국 상인들에게 팔아 은을 확보했습니다. 그러자 이번에는 도리어 청에서 은이 부족해졌습니다. 이로 인해 청의 물가가 올라 서민들의 생활이 어려워지고 정부의 세금 수입도 줄어들었습니다. 게다가 아편 중독자가 늘어나 심각한 사회문제가 되었습니다.

당시 청 조정에서는 아편에 세금을 매겨 재정 수입을 늘려야 한다는 주장과, 반대로 아편을 전면 금지해야 한다는 주장이 대립하다가 결국 아편을 엄격히 금지하기로 했습니다. 청의 관리 린저쉬는 아편을 매매하거나 흡입한 사람을 사형에 처하고 아편을 몰수해 폐기했습니다.●●

그러자 영국은 자국 상인의 아편을 강제로 몰수한 일을 구실 삼아 청을 침략했습니다(제1차 아편전쟁, 1840년). 이 전쟁에서 패한 청은 영국에 홍콩을 할양(영토의 일부를 다른 나라에 넘겨줌)하고, 광저우를 비롯해 다섯 곳의 항구를 개항했습니다. 허가를 받은 상인만 교역할 수 있는 제한 규정도 폐지했습니다. 게다가 관세자주권을 빼앗기고 치외법권을 인정

● 해금(海禁) 정책은 개인이 자유로이 자국을 떠날 수 없고, 어떠한 외국인도 입국하지 못하게 하는 정책을 일컫는다.

●● 1839년 광저우의 아편 무역 단속을 명령받은 린저쉬는 영국 상인들로부터 아편 2만여 상자를 몰수하여 불태웠다.

하는 불평등 조약을 맺었습니다(난징조약, 1842년).

한편, 러시아는 유럽에서 동아시아로 눈을 돌리고, 청과 대립하면서
서서히 남쪽으로 세력을 확대했습니다. 그리고 1860년에 청이 지배하던
연해주를 영토로 복속하고 블라디보스토크 항을 건설하여 태평양으로
진출할 수 있는 교두보를 마련했습니다.

당시 아시아에서 가장 강한 나라라고 자부하던 청이 영국과의 전쟁에
서 패배하고, 러시아가 남쪽으로 세력을 확장하는 상황을 보면서 조선과
일본은 서양 열강의 침략에 위협을 느꼈습니다. 그리하여 양국은 서양
세력과 외교 관계를 맺지 않는 해금 정책을 더욱 강화했습니다.

이러한 가운데 일본은 군사력을 앞세운 미국에 의해 나라의 문을 열게
되었습니다(1854년). 서양 세력의 침략에 위협을 느낀 일본의 하급 무사
들은 바쿠후●를 무너뜨리고 덴노(天皇)의 권력을 강화하는 개혁을 추진
했습니다. 조선에서는 흥선대원군이 등장하여 대외적으로는 서양을 배
척하고, 대내적으로는 개혁 정책을 추진하여 농민 봉기를 진정시키고 왕
권을 강화하고자 했습니다.

● 바쿠후(幕府)는 원래 왕
을 지키는 쇼군(將軍)의 집
무실이란 뜻으로, 12세기부
터 19세기까지 일본을 통치
한 쇼군의 무사정권을 일컫
는다. 당시 쇼군은 일본 최
고의 실권자였다.

1부

개항과
근대화

1장

조선과 일본, 나라의 문을 열다

1. 개항 전 조선과 일본의 풍경

양반의 나라 조선, 무사의 나라 일본

1392년에 건국된 조선은 한양(지금의 서울)을 도읍으로 정하고 전국을 크게 8개 행정구역으로 나누어 다스렸습니다. 나라의 최고 권력자인 왕이 전국 360여 곳의 군현에 관리를 파견하여 지방을 통치하는 중앙집권적인 체제였습니다.

중앙과 지방을 통치하는 관리는 과거(科擧)라는 국가시험을 통해 선발되었습니다. 이들은 문관(문반)과 무관(무반)의 관직에 임명되어 행정과 군사 업무를 담당했는데, 문반과 무반을 합쳐 '양반(兩班)'이라고 불렀습니다. 양반은 처음에는 관직에 오른 사람을 가리켰으나 점차 그 가족과 친족 모두를 포함하여 지배층 전체를 일컫는 말이 되었습니다.

양반은 토지와 노비를 소유하고 대대로 관직에 올라 부와 권력을 독차지했습니다. 그 밑으로는 기술과 행정 사무를 맡은 중인, 피지배층인 상

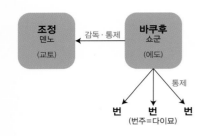

에도 시대 상층부의 지배
체제

에도 시대의 신분 비율

민과 천민 신분이 있었습니다. 상민은 농업과 수공업, 상업 등에 종사하며 여러 가지 조세(세금)를 부담하고 국방의 의무를 지거나 건설 공사에 동원되었습니다. 신분에 따라 사회적 지위와 직업이 달랐고, 의복·주거·혼인 등 여러 면에서 제약을 받았습니다. 제도상으로는 천민이 아니면 누구나 과거에 응시하여 관직에 진출하는 것이 가능했지만, 현실적으로는 주로 경제력 있는 양반만이 과거를 볼 수 있었습니다.

　일본은 1603년에 도쿠가와 이에야스가 에도(지금의 도쿄)에 바쿠후를 열고 전국을 지배했습니다.● 이 시기 일본은 바쿠후가 직접 지배하는 지역과 바쿠후에게서 1만 석 이상의 영지를 받은 다이묘(大名, 영주)가 지배하는 260곳의 번(藩)으로 나뉘었습니다. 바쿠후는 다이묘를 지배하기 위해 영지를 몰수하거나 교체하기도 했습니다. 다이묘는 바쿠후의 지배를 받았지만 번 안에서만 통용되는 법률을 제정하기도 하고 독자적인 경제 정책을 펼치기도 했습니다. 이들은 농민에게 토지를 경작시켜 쌀 등을 연공(年貢, 해마다 바치던 공물)으로 납입하게 했습니다.

　에도 시대에는 무사·농민·직인(수공업자)·상인, 그리고 그보다 낮은 신분이 있었습니다. 바쿠후는 지배 체제를 유지하기 위해 무사가 다른 신분을 다스리도록 했고, 신분 간의 이동을 금지했습니다. 게다가 직업과 거주지도 제한했습니다. 또한 바쿠후는 법령을 정해 덴노의 행동을 제한했으며, 정치적인 활동도 통제했습니다.

경제 발달과 사회 변화

18세기가 되면, 조선에서는 농업·수공업·광업에서 생산량이 증가하고 상품 거래와 유통이 활발해지면서 곳곳에 시장이 열렸습니다. 교환 수단으로 화폐를 빈번히 사용하면서 상업은 더욱 발달했습니다. 전국을 무대

● 도쿠가와 이에야스가 에도 지역에 바쿠후를 세운 이때부터 1868년까지를 일본에서는 에도 시대라고 부른다.

로 장사하는 대상인들이 나타나 대외 무역이나 광산 개발, 수공업 등에 투자하여 큰 이익을 남겼습니다. 일부 농민은 담배·인삼·면화 따위의 상품 작물을 재배하여 시장에 내다 팔아 높은 수익을 올렸습니다. 그리고 경작지의 규모를 확대하여 지주로 성장하기도 했습니다. 반대로 경작지를 잃은 농민들도 늘어났습니다. 이들은 농촌이나 도시, 광산 등지에서 노동자로 일했습니다.

한편, 일부 부자가 된 백성들이 돈으로 양반 신분을 사면서 양반의 수가 크게 늘어났습니다. 경제력이 나아지면서 교육받을 기회가 확대되어 백성의 의식 수준도 높아졌습니다.

19세기에 들어와 왕실과 혼인 관계를 맺은 몇몇 가문이 권력을 독점하면서 부정부패가 심해졌습니다. 관직을 돈으로 사고팔았으며 과거시험에서도 뇌물이 오갔습니다. 그렇게 해서 관리가 된 이들은 농민의 토지

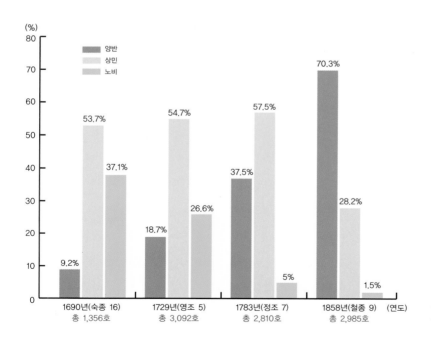

대구의 신분별 인구 변동
1690년부터 1858년까지 조사한 대구의 호구장적을 토대로 재구성했다. 이 자료를 통해 당시 양반 인구는 늘어나고, 노비 인구는 급격히 줄어들었음을 알 수 있다.

견직물 공장 실을 감는 여성, 베를 짜는 여성이 분업해서 일하고 있다. 이처럼 분업과 협업을 통한 수공업 생산을 공장제 수공업이라 부른다. 그림 오른쪽 맨 위에 상인의 모습도 보인다.

를 빼앗거나 법에도 없는 각종 세금을 징수했습니다. 결국 농민들은 전국 각지에서 봉기하여 지배층의 부패와 수탈에 저항했습니다(임술농민봉기, 1862년). 이즈음 조선의 남부 지방에서는 동학(東學)이 크게 퍼졌습니다. 동학은 '시천주(侍天主, 인간은 하늘을 모시는 존재)'라는 사상을 내세워 인간의 존엄성과 평등을 강조하여 많은 사람들의 지지를 받았습니다.

일본에서도 18세기 후반이 되면 일부 지역에서 공장제 수공업이 활발해지고 면직물과 견직물 생산이 늘어납니다. 농민들은 좀 더 비싼 값을 받을 수 있는 면화·유채와 같은 상품 작물을 재배했습니다. 큰 이익을 얻은 농민은 토지를 넓혀나갔고, 땅을 잃은 농민은 소작인이 되거나 도시로 일하러 나갔습니다.

무사들은 다이묘로부터 일정량의 쌀을 급료로 받아 생활했습니다. 그러나 잦은 쌀값 변동과 화폐경제의 발달로 쌀을 화폐로 교환해 생활비를 마련하던 무사들은 갈수록 생활이 어려워졌습니다. 그래서 번은 무사들의 생활을 안정시키기 위해 농민들에게 더 많은 쌀을 세금으로 거두려 했습니다. 마침내 농민들은 세금 인하와 부정을 저지르는 관리의 교체 등을 요구하며 봉기를 일으켰습니다. 봉기는 도시 지역에서도 일어났습니다. 쌀을 사재기한 상인의 상점을 부수는 일도 일어났습니다. 심지어는 바쿠후의 전직 관리가 주동해서 반란을 일으키기도 했습니다(오시오

헤이하치로의 난, 1837년).

서양 세력의 출몰과 강화된 해금 정책

일본의 에도 바쿠후는 네덜란드와 청과는 나가사키 항의 인공섬인 데지마에서 통상 무역을 했습니다. 류큐 왕국(오늘의 오키나와)과는 사쓰마 번을 통해, 에조치(오늘의 홋카이도)와는 마쓰마에 번을 통해 교류했습니다. 조선과는 쓰시마 번을 통해 유일하게 통상과 외교 양면으로 국교를 맺었는데, 부산의 왜관을 중심으로 해마다 정해진 수량의 품목을 교역했습니다. 그 밖의 다른 나라와는 어떤 국교도 맺지 않았고, 일본에서 국외로 나가는 일도 허락하지 않았습니다.

18세기 러시아와 영국을 비롯한 서양 열강의 선박이 에조치와 나가사키 지역을 가끔 찾아와 통상을 요구했으나 바쿠후는 모두 거부했습니다. 게다가 1825년에는 '외국선 추방령'을 내려 해안 경비를 철저히 했고, 서양 선박을 쫓아내는 정책을 실시했습니다. 1837년에 바쿠후는 일본인 표류민을 데리고 온 미국 상선 모리슨호를 포격하여 쫓아냈습니다. 네덜란드에서 들여온 서적을 연구하여 서양의 문화를 배운 학자(난학자)들은 서양의 강대한 군사력을 알고 있었기에, 서양 세력을 막는 바쿠후의 정책이 잘못되었다고 비판했습니다. 한편, 바쿠후도 네덜란드를 통해 주변국과 서양 정세에 대한 정보를 수집하고 있었습니다. 마침 아편전쟁에서 청이 패했다는 정보를 전해들은 바쿠후는 전쟁을 우려하여 1842년 '외국선 추방령'을 폐지하고, 외국 선박에 연료와 음료수를 제공하기로 했습니다.

한편, 18세기 후반부터 조선에서도 서양 제국의 대형 선박들이 연안에 자주 나타나 해안을 측량하고 통상을 요구했습니다. 그러던 중 1860년 청의 수도 베이징이 영국과 프랑스 연합군의 침략을 받아 점령당했다(제

흥선대원군 조선에서는 국왕에게 아들이나 형제가 없을 때 가까운 왕족이 왕위를 이었는데, 이렇게 왕위를 물려받은 왕의 친아버지를 대원군이라 불렀다.

신미양요 1871년 미군은 군함 5척과 병사 1,230명을 이끌고 조선의 강화도를 침략했다. 이들은 광성보 진지를 점령해 조선군 장수 어재연의 '帥(수)'자 깃발을 전리품으로 빼앗았다.

2차 아편전쟁)는 소식이 조선에 알려졌습니다. 이어서 청에게서 연해주를 획득한 러시아가 조선과 국경을 마주하게 되자, 조선 정부와 백성은 서양의 침략에 대한 두려움과 경계심이 높아졌습니다.

이 무렵 고종이 어린 나이로 왕위에 오르자, 왕의 아버지인 흥선대원군이 고종을 대신하여 정치의 실권을 쥐고 나라를 다스렸습니다(1863년). 흥선대원군은 안으로는 세금제도를 개혁하여 농민의 생활을 안정시키고, 국가 체제를 정비하여 왕권을 강화해나갔습니다. 밖으로는 서양 세력의 통상 요구를 경제 교류를 내세운 침략 행위로 보고 서양과는 통상과 외교 관계를 맺지 않는 정책을 지속해나갔습니다. 그리고 서양 세력의 침략에 대비하여 무기를 개량하고 진지를 새로 설치하는 등 국방을 더욱 튼튼히 했습니다.

1866년 프랑스는 자국 신부와 천주교도를 탄압한 것을 구실 삼아 조선으로 쳐들어왔습니다. 강화도를 점령한 프랑스 군대는 금과 은을 비롯해 수많은 보물과 서적 등을 약탈해갔습니다(병인양요). 같은 해에 미국 상선 제너럴셔먼호가 대동강까지 거슬러 올라와 통상을 요구했다가 거절당하자 조선 관리를 포로로 잡고 민가를 약탈하며 주민들을 살상했습니다. 이에 조선 관리와 주민들이 미국 상선을 불태워 침몰시켰습니다. 몇 년 후 미국은 이 사건에 대한 사죄와 통상을 요구하며 군함을 이끌고 강화도로 쳐들어왔습니다(신미양요, 1871년). 그러나 조선 군민의 거센 저항과 통상을 거부하는 정부의 정책에 부딪혀 뜻을 이루지 못한 채 물러갔습니다. 이후 홍선대원군은 "서양 오랑캐의 침략에 대항해 싸우지 않으면 화친하는 것이요, 화친을 주장하는 것은 나라를 파는 것이다"라는 내용을 새긴 척화비(斥和碑)를 전국 곳곳에 세우고, 서양과의 교류를 엄격히 금지했습니다.

한편, 당시 조선에는 청을 오가면서 보고 들은 지식과 세계 여러 나라의 문물을 소개한 서적을 통해 세계 정세에 눈을 뜬 개화 사상가들이 있었습니다. 이들은 조선의 부국강병을 위해 자주적으로 문호를 개방하여 서양 세력과 통상을 하고, 발달한 문물과 제도를 받아들이자고 주장했습니다. 그러나 조정에서는 이러한 주장을 수용하지 않았습니다.

척화비 대구시 중구 관덕정에 남아 있는 척화비이다.

2. 개항을 둘러싼 조선과 일본의 대응

일본의 개국과 에도 바쿠후의 붕괴

1853년에 미국 동인도 함대의 사령관 페리가 4척의 군함을 이끌고 에도 만의 우라가에 들어왔습니다. 4척 가운데 2척이 증기선으로, 가장 큰 배는 2,450톤이 넘었습니다. 바쿠후는 네덜란드에서 해마다 보내오는 정보●를 통해 일본으로 향하는 페리 함대의 선명, 톤 수, 대포 수까지 정확하게 알고 있었습니다. 그러나 아무런 대책도 취하지 않았습니다. 페리는 미국 대통령의 국서를 건네며 일본의 개국을 요구했습니다. 구체적으로는 통상과 연료·식료품·물의 보급과 조난 시 인명 보호를 요구했습니다. 우라가에 온 지 3일 뒤 페리는 공포(空包)로 위협하며 에도 만 깊숙한 곳까지 들어와 해안을 측량했습니다. 이는 다른 나라의 영해를 무력으로 침입한 것으로, 당시의 근대 국제법을 위반하는 행위였습니다. 바쿠후는 어쩔 수 없이 미국 국서를 받고 이에 대한 답신을 1년 뒤에 하겠

● 네덜란드 상선은 해마다 에도 바쿠후에게 〈네덜란드 별단 풍설서〉라고 하는 세계 정세에 관한 보고서를 전달했다.

페리 제독

다고 요청했습니다.

1년 뒤, 바쿠후는 미국의 요구를 거부하는 것은 군사력 차이로 보아 무리라고 판단하여 미일화친조약을 맺었습니다. 바쿠후는 항구를 두 군데 개항하고, 향후 일본이 다른 나라에게 인정하는 유리한 조건을 미국에도 인정한다는 약속을 했습니다(최혜국 대우). 그러나 통상은 허용하지 않았습니다.

미국은 다시 무력으로 통상조약 체결을 강요했습니다. 그러자 바쿠후는 여러 다이묘에게 의견을 구했는데, 이 가운데 조약 체결에 강하게 반대하는 이들이 있었습니다. 바쿠후는 반대파를 누르기 위해 덴노의 허가를 얻으려고 했지만, 양이사상●에 기울어 있던 덴노는 통상조약 체결을 허가하지 않았습니다. 이 일로 바쿠후의 권위는 떨어지고 바쿠후와 대립하던 다이묘들과 덴노의 기세가 올랐습니다.

바쿠후는 덴노의 허가를 얻지 않은 채 1858년 미일수호통상조약을 맺었습니다. 이 조약에 따라 일본은 5개의 항구를 개항했습니다. 일본은 수입품에 부과하는 관세를 스스로 결정할 수 있는 관세자주권을 빼앗겼

● 양이사상은 서양의 것은 그른 것이어서 물리쳐야 한다는 사상을 일컫는다.

32

고, 일본에서 죄를 범한 미국인을 미국의 영사가 재판하는 영사재판권을 인정했습니다(치외법권). 이후 바쿠후는 네덜란드·러시아·영국·프랑스와 모두 같은 내용으로 조약을 맺었습니다.

조약의 체결을 둘러싸고 각 번과 무사들은 외세를 몰아내자는 양이파와 나라의 문호를 열어 다른 나라와 교류하자는 개국파, 정치는 덴노가 중심이 되어야 한다는 존왕파, 바쿠후를 도와 현재 체제를 지속해야 한다는 좌막파 등 다양한 세력으로 나뉘었습니다. 양이파는 외국에 대항하기 위해서는 덴노를 중심으로 강한 나라를 만들어야 한다며 존왕파와 뜻을 같이했습니다. 이러한 움직임은 존왕양이운동으로 발전하여 하급 무사의 지지를 받으며 큰 세력으로 확산되었습니다.

존왕양이파는 바쿠후가 덴노의 허가 없이 조약을 맺은 것은 덴노를 무시한 행위이고 외세에 굴복한 행위라며 바쿠후에 강력하게 반발했습니다. 그러자 당시 바쿠후의 최고 책임자였던 이이 나오스케는 조약 조인에 반대한 조정 대신과 다이묘, 무사 등 100명이 넘는 사람들을 강력하게 탄압했습니다(안세이 대옥, 1858년). 그러나 이이 나오스케는 1860년에 존왕양이파에게 암살당합니다.

1861년에는 사쓰마 번주의 행렬을 가로질러간 영국 상인을 사쓰마 번 무사가 무례한 행동이라며 살해하는 사건이 일어났습니다. 영국은 이 사건을 빌미로 1863년 가고시마 만으로 함대를 이끌고 쳐들어와 사쓰마 번에 큰 피해를 입혔습니다(사쓰에이전투). 같은 해에 조슈 번(지금의 야마구치 현)이 시모노세키 해협을 지나가는 미국 선박을 포격하자, 이듬해에 영

4개국 연합 함대의 시모노세키 점령(1864년) 시모노세키에 상륙해 일본군 포대의 대포를 철거하는 연합 함대의 모습이다.

국·미국·프랑스·네덜란드의 4개국 연합 함대가 조슈 번의 포대를 공격하여 점령했습니다(4개국 연합 함대 시모노세키 포격 사건, 1864년).

열강과의 전투에서 힘의 차이를 직접 경험한 사쓰마 번과 조슈 번은 덴노를 중심으로 강력한 나라를 만들 필요성을 절실히 느꼈습니다. 그 후 두 번은 서로 협력하여 에도 바쿠후를 무너뜨리고 덴노를 정점으로 하는 중앙집권 국가인 메이지(明治) 정부를 세웠습니다(메이지유신, 1868년).

일본과 조일수호조규를 맺은 조선

1875년 9월 20일, 강화도 해협에 낯선 선박이 한 척 나타났습니다. 그 선박의 정체는 270톤의 일본 군함 운요호였습니다. 강화도 해협은 한강 하구와 이어진 곳으로 수도인 한성으로 바로 진입할 수 있어 조선의 방위상 중요한 지역이었습니다. 그런데 운요호의 선원 수십 명은 허가도 받지 않은 채 보트를 타고 해안을 측량하면서 조선 수군의 진지로 접근했습니다. 진지의 병사들은 정체불명의 배를 향해 경고 사격을 했습니다. 보트가 공격을 받자, 운요호는 보복 공격으로 조선군 진지를 파괴하고는 근처 영종도에 상륙하여 주민들을 살상하고 대포와 화승총 등을 약탈했습니다(운요호 사건).●

운요호 사건이 일어나기 전, 부산에 있던 일본 외교관은 본국에 "조선을 개항시키기 위해서는 군함 한두 척을 파견하여 무력으로 위협하는 것이 가장 효과적이다"라는 내용의 보고서를 보냈습니다. 또한 덴노의 측근인 사사키 다카유키는 "강화도 사건은 일본에게 더 바랄 나위 없는 사건이며, 운요호의 이노우에 함장은 출발 전에 '조선이 먼저 발포해주면 좋겠다'는 말을 했다"라는 일기글을 남기기도 했습니다. 이러한 사실로 미루어볼 때 운요호 사건은 일본이 무력으로 조선을 개항시키기 위해 의도적으로 일으킨 사건이었습니다. 이는 1854년 미국이 군함과 대포를

● 일본에서는 강화도 사건이라고 부른다.

앞세워 일본과 조약 체결을 강요한 방식과 같습니다.

운요호 사건 일본군이 영종도에 접근해 상륙하는 모습을 상상해서 그린 그림이다.

1876년 1월 일본은 운요호 사건에 대한 손해배상을 요구하며 다시 군함 6척과 병력 300명을 파견했습니다. 그리고 국가 간에 조약을 맺어 항구를 개방하고 무역하는 것이 세계의 흐름이라며 조약 체결을 강하게 요구했습니다. 게다가 회담장 주변에서 함포 사격 훈련을 하는 등 무력 시위를 벌였습니다.

보수적인 유학자들은 일본과의 조약 체결을 강력하게 비판했습니다. 그들은 일본에 항구를 개방하면 값싼 서양 제품이 들어와 조선 경제가 혼란에 빠질 것이며, 서양 각국의 침략으로 이어져 나라를 빼앗기게 된다고 주장했습니다. 프랑스와 미국, 그리고 일본 운요호의 침략으로 살인·약탈·방화의 피해를 직접 경험한 이들도 개항에 반대했습니다.

그러나 박규수를 비롯한 개화파는 일본의 무력 도발을 막기 위해서라도 개항이 필요하다고 주장했습니다. 그들은 한 걸음 더 나아가 개항을 통해 서양의 문물을 받아들여 부강한 나라를 만들어야 한다고 생각했습니다. 청도 일본을 끌어들여 서양 세력과 남하하는 러시아를 견제하기 위해 조선 정부가 일본의 요구를 수용하도록 권유했습니다.

개항에 대한 찬반 의견이 팽팽히 대립하는 가운데 고종은 일본과 서양은 서로 다르며, 일본에 대한 개항은 에도 시대의 선린우호 관계로 돌아가는 것에 지나지 않는다고 생각했습니다. 그리고 일본과는 수교해도 서양과는 결코 수교하지 않을 것을 밝히며 일본의 요구를 받아들였습니다. 그리하여 마침내 1876년 조일수호조규(강화도조약)를 맺었습니다.

◉ 미일수호통상조약과 조일수호조규

1854년과 1858년, 일본은 미국과 두 번의 조약을 체결하면서 서양과 처음으로 외교 관계를 맺고, 무역을 하게 되었습니다. 조선도 20여 년이 지난 1876년에 조일수호조규와 조일무역규칙을 일본과 체결하면서 외교 관계를 맺고, 무역을 시작했습니다.

조선과 일본은 상대국이 군함과 대포를 앞세워 무력으로 조약 체결을 강요하는 바람에 불평등한 내용의 조약을 체결했습니다. 개항장에 외국인의 거류 지역을 설정하고, 개항장에서 외국인이 범죄를 저질러도 그 나라의 법으로 재판할 수 없는 영사재판권을 허용하며, 무역 관세를 자국이 결정할 수 없었습니다. 이러한 불평등 조항은 서양 열강이 아시아와 아프리카를 침략할 때 강요한 내용들이었습니다.

일본은 미국과 통상조약을 체결한 직후부터 불평등한 조약을 개정하려고 서양과 협의하는 등 다양한 노력을 기울였습니다. 그 결과 아주 낮은 수준이었지만 수출입 상품에 관세를 부과할 수 있게 되었습니다. 그러나 일본은 조선에게는 아예 관세를 부과하지 못하도록 했습니다. 또한 조선의 개항장에서 일본 화폐를 유통시키고, 침략을 준비하기 위해 해안 측량권도 가져갔습니다.

일본은 개국 이후 서양 열강의 막강한 군사력과 다양한 문물을 보고 그들을 따라잡으려 했습니다. 또한 서양 열강처럼 일본 상품을 판매할 수 있는 식민지를 획득하려 했습니다. 그래서 가장 가까운 조선과 외교 관계를 맺을 때 일본이 서양과 맺은 불평등한 내용의 조약을 그대로 강요했습니다. 조약을 체결하는 과정도 미국이 일본에 그랬던 것처럼 무력을 사용해 강요했습니다.

미일수호통상조약(1858)	조일수호조규 및 조일무역규칙(1876)
제3조 개항지는 미국인에게 거류를 허가한다. 제4조 모든 수입품·수출품에 대해서는 일본 관청에 관세를 내야 한다. 제6조 일본인을 상대로 법을 어긴 미국인은 미국 재판소가 재판하고 미국 법률에 따라 벌한다.	**조일수호조규** 제1조 조선은 자주국이며 일본과 평등한 권리를 가진다. 제4조 조선은 부산 외 두 곳*을 개항하고, 일본인이 자유로이 왕래하며 통상하는 것을 허가한다. 제10조 개항장 내 일본국 인민의 범죄는 모두 일본국 관원이 심판한다. **조일무역규칙** 제7조 일본국 소속의 선박은 항만세를 납부하지 않고 수출입 상품에도 세를 부과하지 않는다.

* 이후 부산 외 두 곳은 인천과 원산으로 결정되었다.

2장

조선과 일본, 개화에 앞장서다

1. 일본의 메이지유신과 자유민권운동

부국강병 정책을 실시한 메이지 정부

메이지 정부는 부국강병 정책을 실시하여 일본을 서양 열강에 대항할 수 있는 강한 나라로 만들려 했습니다. 그래서 먼저 나라의 체제를 바꾸어 갔습니다. 자본주의 경제의 중요한 생산자인 노동자를 확보하기 위해서 옛 신분제도에 따른 농민, 직인, 상인 등의 직업 및 거주의 제한을 없앴습니다. 그리고 신분제도를 덴노·황족·화족●·사족(옛 무사)·평민으로 재편했습니다. 덴노제(천황제)를 더욱 공고히 하고, 옛 무사들의 불만을 누르기 위해서였습니다. 부국강병을 위해서는 교육받은 노동자와 병사가 필요했기 때문에, 1872년 학교 교육제도를 마련해 모든 국민이 의무적으로 소학교 교육을 받도록 했습니다. 그러나 당시 교과서 구입비나 수업료는 학부모가 부담했습니다.

1873년 정부는 군사력을 강화하기 위해 징병령을 실시했습니다. 징병

● 화족(華族)이란 메이지 정부로부터 공작·후작·백작·자작·남작 등 서양식 귀족 작위를 하사받은 사람들을 말한다. 이러한 신분제도는 1947년 5월 귀족제도 금지, 만민평등을 주요 내용으로 한 신헌법을 시행하면서 폐지되었다.

토지증서 메이지 시대 일본 정부가 발행한 이 증서에는 땅의 크기와 가격이 표시되어 있다. 이에 따라 토지 소유자는 토지 가격의 3퍼센트를 세금으로 납부해야 했다.

령에 따라 20세 남성을 징병 검사와 추첨으로 선발해 3년간 상비군(현역병)에 편입시켰습니다. 그러나 병역 면제 규정●이 있어 징병으로 뽑힌 군인들은 대부분 가난한 농가의 2남, 3남이었습니다. 당시 사람들은 "징병·징역 한 글자 차이, 허리에는 칼과 쇠사슬"●●이라며 징병제에 대해 불만을 드러냈습니다. 징병령이 시행되면서 일본은 4만 6천 명의 정규군을 전쟁에 동원할 수 있게 되었습니다.

1873년 일본 정부는 개혁에 필요한 재원을 확보하기 위해 토지세 제도를 고쳤습니다(지조개정). 토지 소유자에게 토지 소유를 증명한 '토지 증서(지권)'를 발행하여 토지 가격의 3퍼센트를 세금으로 내도록 했습니다. 세금을 현금으로 받으면서 국가의 재정 수입이 안정되었습니다. 재정 수입을 바탕으로 국가가 운영하는 관영 공장을 만들었고, 이를 다시 민영화하는 등 정부 주도의 산업화 정책을 진행했습니다(식산흥업). 히로시마 현에도 1882년 국영 '히로시마 방적소'를 세웠는데 같은 해 '히로시마 면사방적'으로 이름을 바꾸고 민영화했습니다.

부국강병을 위해 실시한 교육제도·징병령·지조개정 등의 세 가지 개혁은 일본 국민에게 큰 부담과 고통을 안겨주었습니다. 그리하여 전국 각지에서 개혁에 반대하는 운동이 일어났습니다. 일본 정부는 운동을 진압하고 참가자들을 처벌하는 한편, 국민들의 불만을 누그러뜨리기 위해 토지세를 토지 가격의 2.5퍼센트로 인하했습니다.

새로운 외교 관계를 구축한 일본 정부

메이지 정부는 부국강병 정책을 기반으로 아시아 국가들에 대해 일본 우위의 정책을 강요하는 한편, 서양 열강에 대해서는 대등한 관계에서 기존에 맺었던 불평등 조약을 개정하려 했습니다.

기도 다카요시 정책 강령을 발포하고 법전을 편찬하는 등 메이지 정부의 주요한 정책을 결정하는 데 영향력을 행사한 정치가이다.

메이지 정부는 국제법에 따라 조선과 새로운 외교 관계를 맺으려 했습니다. 그래서 조선에 외교문서를 보냈습니다. 거기에는 에도 바쿠후가 무너지고 왕정이 복고된 것을 알리고 새로 외교 관계를 체결하자는 요구가 들어 있었습니다. 그러나 조선 정부는 일본이 보내온 외교문서에 중국 황제만이 쓸 수 있는 '황(皇)'과 '칙(勅)'이라는 글자를 사용한 것은 부당하며, 지금까지의 외교문서 형식과 다르다는 이유를 들어 외교문서를 받지 않았습니다. 1869년에 기도 다카요시는 외교문서를 받지 않는 것은 무례한 일이니 병력을 이끌고 조선을 침략해 개항시켜야 한다는 정한론(征韓論)을 주장했습니다.

당시 일본에서는 국민의 불만을 딴 곳으로 돌리고 국력을 기르기 위해 주변 국가를 침략해야 한다는 세력과, 국내 개혁을 우선해야 한다는 세력이 대립하고 있었습니다. 그런데 징병제가 이루어지고 지조개정으로 국가 수입이 안정되자 대립하던 두 세력은 점차 침략을 추진하는 쪽으로 뜻을 같이했습니다. 먼저, 류큐 왕국을 일본에 편입시키는 작업부터 시작했습니다. 당시 류큐 왕국은 실질적으로는 사쓰마 번의 지배를 받고 있었지만 국제적으로는 하나의 독립 국가로서 중국과 책봉-조공 관계를 맺고 있었습니다. 1872년 메이지 정부는 류큐 왕국을 류큐 번으로 삼아 일본의 행정구역에 편입시켰습니다. 그리고 1879년에 무력으로 위협하여 류큐 번을 폐지하고 오키나와 현으로 바꾸었습니다.

자유민권운동과 '대일본제국헌법'의 제정

1870년대 일본에서는 서양 민주주의의 영향을 받은 지식인들을 중심으로 헌법을 제정하고, 국민의 대표기구인 국회를 열어 정치에 의견을 반영시키려는 자유민권운동이 일어났습니다.

자유민권운동은 처음에는 정부에 불만을 가진 사족을 중심으로 시작되었으나 차츰 많은 사람에게 퍼져나갔습니다. 사람들은 각지에서 연설회나 집회를 열어 자신들이 바라는 헌법안을 스스로 만들었습니다. 그러나 일본 정부는 신문 발행과 집회를 제한하며 자유민권운동을 탄압했습니다. 그래도 운동이 진정되지 않자, 1881년 메이지 정부는 10년 후에는 국회를 열 것이며 이를 위해 필요한 헌법은 덴노가 결정한다고 약속했습니다. 그리하여 국회 개설에 대비하여 많은 사람이 정당을 만들고, 제각각 헌법 초안도 작성했습니다. 그러나 이 초안들 가운데 받아들여진 것은 하나도 없었습니다. 대신 이토 히로부미가 중심이 되어 군주의 권한이 강화된 독일 제국의 헌법을 모델로 삼아 은밀하게 작성한 헌법 초안이 1889년에 '대일본제국헌법'으로 발포되었습니다. 이로써 일본은 동아시아에서 최초로 헌법을 가진 입헌 군주국가가 되었습니다. 그날 도쿄에서는 헌법 발포를 축하하는 축포가 울려퍼지고 화려한 행렬이 펼쳐졌습니다. 그러나 이 헌법의 내용을 알고 있는 국민은 거의 없었습니다.

메이지 시대 자유민권운동 자유민권운동가의 연설을 제지하는 경찰과 그에 항의하는 청중들의 모습이다.

이토 히로부미 일본에서는 근대 헌법을 제정하는 등 근대화를 이끈 대표적인 인물로 평가받고 있다.

대일본제국헌법의 주요 조문
제1조 대일본제국은 만세일계의 덴노가 통치한다.
제3조 덴노는 신성해서 침범할 수 없다.

제11조 덴노는 육·해군을 통수한다.

제13조 덴노는 전쟁의 선포, 화의의 강구 및 제반 조약을 체결한다.

제29조 일본 신민은 법률의 범위 내에서 언론·저작·출판·집회 및 결사의
　　　 자유를 가진다.

대일본제국헌법에 따르면, 덴노는 입법·사법·행정에 관한 통치권과 군대를 움직일 수 있는 모든 권한을 갖지만 그에 대한 책임은 없었습니다. 이렇듯 덴노 위주로 구성된 헌법은 국민의 인권을 존중하고 국민이 정치에 참여한다는 자유민권운동의 요구 내용과는 맞지 않는 것이었습니다.

2. 근대화를 향한 조선의 노력

개화 정책의 추진과 반발

19세기 중엽, 조선에서는 청에서 서양 문물을 접한 지식인들을 중심으로

별기군 양반의 자제들로 구성된 신식 군대로 일본인 교관에게 근대적인 군사 훈련을 받았으며, 구식 군인보다 좋은 대우를 받았다. 다른 이름으로 교련병대라고 한다.

조선의 문호를 개방하여 서양의 문물과 제도를 받아들이자는 주장이 나타났습니다. 1876년 개항 후에는 일본에서 유행했던 '문명개화'란 말이 조선에도 널리 쓰였습니다. 이 시기 '개화'란 서양의 제도와 문화를 받아들여 부국강병을 이루는 것으로 이해되었습니다.

개화를 하기 위해서는 많은 정보를 수집하고 개혁을 추진할 사람들이 필요했습니다. 그래서 조선 정부는 청과 일본에 시찰단을 파견했습니다.● 이들 시찰단이 작성한 보고서를 바탕으로 조선 정부는 개화 정책을 추진했습니다. 그리고 외교, 군사, 산업, 외국어 교육 등 여러 분야의 개혁을 담당할 기구를 설치했는데, 시찰단으로 파견된 구성원 대부분이 중요한 직책을 맡았습니다. 또한 기존 군대를 통합하고, 신식 군대인 별기군을 설치했습니다. 별기군은 일본에서 수입한 무기를 갖고 일본인 교관에게 신식 군사 훈련을 받았습니다.

한편, 이 과정에서 피해를 본 사람들은 정부의 개화 정책에 반대했습니다. 특히 구식 군인들은 군제 개편 이후 일자리가 줄어들고 1년 넘게 월급이 지급되지 않아 불만이 높아졌습니다. 1882년, 밀린 봉급으로 겨우 받은 쌀에 모래와 겨가 섞여 있자 구식 군인들은 이에 항의하며 봉기를 일으켰습니다(임오군란). 여기에 일본 상인들이 쌀과 콩 등의 곡물을 일본으로 가져가는 바람에 곡물 가격이 크게 올라 생활이 어려워진 하층민들까지 합세하면서 군란의 규모는 더욱 커졌습니다. 이들은 당시 권력을 잡고 있던 외척인 민씨 세력과 별기군 교관, 일본 공사관과 상인 등을 공격했습니다.

● 조선 정부는 근대화의 실상을 적극적으로 파악하고 국정 개혁에 도움이 될 자료를 수집하기 위해 1881년 일본에는 조사시찰단을, 청에는 영선사를 각각 파견했다.

민씨 세력의 요청을 받은 청은 신속히 군대를 파견하여 군란을 진압했습니다. 그런데 청은 군란을 진압한 뒤에도 군대를 철수하지 않고 조선의 내정과 외교 문제에 적극 간섭했습니다. 일본도 청의 군대를 견제하기 위해 한성에 군대를 주둔시켰습니다. 조선은 청과 일본의 간섭을 받게 되었고, 자주적인 개화 정책을 추진하기도 어려워졌습니다.

근대 국가 건설을 시도한 갑신정변

청의 내정 간섭이 심해지면서 개화 정책이 후퇴하자 청의 간섭에 반발하는 세력이 형성되었습니다. 이들은 서양의 기술 문명은 물론 정치제도와 종교까지도 받아들이자고 주장했습니다. 청이 베트남을 둘러싸고 프랑스와 전쟁을 하고 있는 틈을 타 1884년 김옥균을 중심으로 한 개화파는 일본 공사로부터 군사와 재정 지원을 약속받고 정변(政變)●을 단행했습니다. 이들은 청에 의지하는 세력을 내쫓고 권력을 장악했습니다 (갑신정변).

● 정변은 반란이나 혁명, 쿠데타 등 비합법적인 수단으로 생긴 정치적인 큰 변동을 일컫는다.

갑신정변의 주역들 맨 왼쪽이 박영효이고, 그 옆으로 서광범, 서재필, 김옥균이다.

개화파는 새로운 정부를 구성하고 자주적인 근대 국가를 만들기 위한 개혁 정책을 발표했습니다. 청에 대한 사대외교를 폐지하고 자주독립을 선언했습니다. 또한 왕의 권한을 제한하고, 중요한 정책은 대신들이 의논해서 결정하도록 했습니다. 그리고 문벌을 폐지하고 인민의 평등한 권리를 선언했습니다. 이 선언은 양반 신분의 특권을 없애 능력에 따라 누구나 관리가 될 수 있도록 한 것으로, 이후 노비세습제 폐지(1886년)를 거쳐 갑오개혁에서 신분제도의 완전한 폐지(1894년)로 이어졌습니다.

● 시대를 잘못 만난 개화사상가 김옥균

도쿄 아오야마 외국인 묘지에는 김옥균의 가묘가 있습니다. 여기 세워져 있는 비석에는 다음과 같은 글이 새겨져 있습니다. "비범한 재능을 가졌지만 시대를 잘못 만나 큰 공을 이루지 못하고 비명에 죽어가다."

김옥균은 서예를 비롯해 예술에 조예가 깊었고, 언변이 뛰어나고 사교에 능해 사람을 끌어당기는 매력이 있었습니다. 그는 개항 이전부터 여러 사람과 교류하며 개화의 필요성을 공감하고 있었습니다. 개항 후에는 개화에 뜻을 같이하는 사람을 하나로 묶어 조선의 개화를 이끌기 위해 '충의계'라는 비밀 조직을 꾸렸습니다. 여기에 모인 사람은 신분이 다양했지만 신분의 차이를 뛰어넘어 같은 생각을 했고 갑신정변의 중심이 되었습니다.

과거에 합격해 관리가 된 김옥균은 선배 관료들에게 개화의 필요성을 역설했습니다. 또한 외교 사절로서 일본을 방문하여 발전된 모습을 직접 확인하면서 조선을 개화시킬 방법을 구체적으로 찾기 시작했습니다.

일본을 방문했을 때 김옥균은 후쿠자와 유키치를 만났습니다. 일본에서 '근대화의 아버지'로 평가받는 후쿠자와는 조선의 개혁을 위해 노력하는 김옥균의 정열에 찬사를 보냈습니다. 후쿠자와는 조선이 메이지유신 이전의 일본 모습과 닮았다고 여겨 조선 문제에 관심을 가졌습니다. 갑신정변이 일어났을 때 후쿠자와는 조선의 개화를 지지하는 신문 논설을 썼습니다. 그러나 후쿠자와가 의도하는 조선의 개화는 일본의 이익을 위한 것이었습니다. 김옥균은 제국주의적 침략을 실행하려는 일본의 의도를 간파하지 못했습니다.

정변에 실패하고 일본으로 망명한 김옥균은 이후에도 조선의 개혁을 위해 노력했지만 일본 정부는 그에게 관심을 갖지 않았습니다. 조선과 일본에서 외면당한 김옥균은 청으로 망명해 상하이에서 지내다 1894년 조선에서 보낸 자객에게 암살되었습니다. 조선을 하루라도 빨리 개화시키려 했던 김옥균의 꿈은 좌절되었지만, 그의 사상은 갑오개혁과 독립협회 활동 등에 영향을 주었습니다.

그러나 개화파는 이러한 내용을 백성들에게 널리 알려 이해시키지 못한 상태에서 개혁을 추진했습니다. 개화파가 일본과 결탁해 정변을 일으킨 데다 일본군을 끌어들여 궁궐을 수비했기 때문에 오히려 많은 사람의 반감을 샀습니다.

3일 뒤 청의 군대가 정변을 진압하기 시작했습니다. 백성들의 지지 없이 정변 세력과 일본의 군대로만 청군의 공격을 막기란 역부족이었습니다. 결국 정변은 실패로 끝났습니다. 이후 청과 일본은 회담을 통해 조선에 주둔하고 있던 군대를 철수하고 다음부터 군대를 보낼 때는 미리 알리기로 합의했습니다(톈진조약, 1885년). 정변을 계기로 청과 일본은 조선에서 정치 · 경제적 영향력을 확대하며 서로 대립해갔습니다.

비록 정변은 실패로 돌아갔지만 개화파가 내세운 개혁사상은 이후 근대국가 건설에 영향을 주었습니다.

낡은 체제를 바꾸려 한 동학농민군

개항 이후에도 무거운 세금과 지배층의 부정부패는 여전했습니다. 거기에 외국 상품의 유입으로 농촌의 가내 수공업이 무너지고 일본으로 쌀이 유출되면서 조선의 농촌 경제는 더욱 어려워졌습니다. 농민들 사이에서는 최제우가 창시한 동학을 믿는 사람들이 급속히 늘어났습니다. 조선 사회를 변화시켜야 한다고 생각한 일부 양반들도 함께했습니다. 동학이 내세운 인간 존중과 '새로운 세상을 열자(후천개벽)'는 사상이 사회 변혁을 절실하게 바라는 사람들의 가슴에 와닿았기 때문입니다.

1894년, 전라도 일대에서 동학 지도자 전봉준을 중심으로 한 농민들이 조선의 낡은 체제를 바꾸고 외국 세력을 물리치기 위해 봉기했습니다(동학농민운동). 많은 농민이 합세하면서 봉기는 다른 지역으로 확산되었습니다. 전주를 점령한 뒤 동학농민군은 정부와 협의하여 폐정을 개혁하

기로 했습니다(전주화약). 농민군은 전투를 중단하는 조건으로 농민을 수탈하고 부정을 저지른 관리를 처벌하고, 천민(노비·백정)에 대한 차별을 없애줄 것을 요구했습니다. 또한 널리 우수한 인재를 등용하고 토지를 고루 경작할 수 있도록 하라고 요구했습

동학농민운동의 지도자 전봉준 1894년 12월 순창에서 체포된 전봉준이 한성으로 이송되는 모습으로, 체포 당시 다리를 다쳐 가마를 타고 가고 있다.

니다. 이 폐정 개혁안은 오랜 세월 농민을 괴롭힌 낡은 체제를 무너뜨리는 것이었습니다. 동학농민군이 장악한 지역에서는 지방 관리와 함께 농민들이 직접 정치에 참여하여 수탈에 앞장섰던 사람들을 처벌하고 신분 차별을 폐지하는 등 새로운 사회를 열어가려고 했습니다.

그러나 동학농민운동은 양반 지배층을 비롯해 정부와 일본군의 탄압으로 실패했습니다. 하지만 낡은 체제를 바꾸려는 동학농민군의 개혁 의지는 과거제도와 신분제도의 폐지로 이어졌고, 외세를 몰아내자는 주장은 의병투쟁으로 이어졌습니다.

위로부터의 갑오개혁, 아래로부터의 만민공동회

1894년 조선 정부는 정치·경제·사회 여러 방면에서 개혁을 추진했습니다(갑오개혁). 정치 면에서는 청의 연호 사용을 폐지하고 청으로부터 독립을 선언했습니다. 또한 나랏일과 왕실 일을 나누고 내각의 권한을 강화했습니다. 관리를 선발하던 과거제를 폐지했으며, 재판소를 설치하고 법관을 양성하는 등 근대적인 사법제도를 마련하기도 했습니다.

경제 면에서는 국가 재정을 하나로 통합하여 여러 기관이 직접 세금을 거두는 폐단을 없애고자 했으며, 지역별로 차이가 있던 각종 측량 단위의 기준(도량형)을 통일했습니다. 또한 세금을 화폐로 납부하게 하고 이를 위해 신식 화폐제도를 도입했습니다.

특히, 사회 면에서는 신분제를 없앴으며, 고문과 조혼을 금지하고 여성의 재혼을 허용하는 등 인권을 크게 개선했습니다. 또한 이후 이어진 개혁에서는 근대식 교육제도를 마련하여 각지에 소학교를 설립하고, 사범학교, 외국어학교를 세워 근대 교육을 실시했습니다. 이러한 일련의 개혁은 새로운 사회를 건설하려는 개화파와 동학농민군의 요구를 일부 수용한 것이었습니다.

그러나 갑오개혁은 일본군이 경복궁을 무력으로 점령하고 친일 인사와 일본인 고문을 내세워 간섭한 개혁이었기 때문에 군대제도는 바뀌지 않았고 오히려 일본이 조선을 침략할 수 있는 여건이 만들어졌습니다. 농민들의 고통을 덜어줄 조세제도나 토지제도의 개혁도 이루어지지 않아 농민들의 지지를 얻지 못한 채 오히려 심한 반발을 불러일으켰습니다.

정부의 근대적인 개혁과 함께 민간에서는 민권을 신장시키려는 움직임이 펼쳐졌습니다. 주로 일본과 미국에서 공부한 사람들이 신문을 간행했는데, 대표적인 신문으로《한성순보》와《독립신문》이 있습니다.《한성순보》는 일본에 수신사로 파견되었던 박영효가 중심이 되어 1883년 정부에서 발간한 조선 최초의 신문입니다.《독립신문》은 1896년에 민간에서 발간한 신문으로, 한글로 쓰여 있어 사람들이 정부 정책과 국내 상황을 쉽게 이해할 수 있었습니다. 덕분에 서구의 학문과 민주주의 사상이 일반 사람들에게 소개되었으며, 민주적인 회의 진행과 토론도 이루어졌습니다. 대구에서도 학생들의 토론 단체인 개진협회가 구성되어 활동했

《한성순보》와 《독립신문》(한 글판과 영문판) 정부는 순한 문으로 열흘마다 《한성순보》 를 간행해 국내외 시사를 비 롯한 서양의 신문화를 소개했 다. 《독립신문》은 민간인이 발 행한 최초의 신문으로, 1896 년 4월 7일 창간되었다. 처음 에는 전체 4면 중 3면은 한 글, 마지막 1면은 영어로 발간 했다.

습니다.

1890년대에 접어들면서 사람들의 의견을 모아 정치에 반영시키려는 활동이 일어났습니다. 1898년에 독립협회가 주도한 만민공동회에 많은 사람들이 참여해 주요 문제를 논의하여 해결하려고 했습니다. 여기에는 정부 대신들이 참석하기도 했습니다.

한성에서 개최된 만민공동회에서는 외국 세력의 간섭을 막아내고 신 체의 자유와 재산권 보호, 언론·출판·집회·결사의 자유를 보장해줄 것 을 요구했습니다. 그리고 민주적인 의회를 만들기 위한 운동도 펼쳤습니 다. 만민공동회에 참가한 사람들은 부정한 정부 관리들을 고발하여 쫓아 내기도 했습니다.

그러나 고종과 보수적인 관리들은 일반인이 정치에 참가하는 것을 못 마땅해하며 독립협회를 해산시키려 했습니다. 이러한 탄압에 맞서 만민 공동회를 중심으로 만여 명의 시민이 모여 열흘 넘게 저항했습니다. 한 성의 주민들도 음식과 장작불을 제공하며 이들을 지원했습니다. 결국 만 민공동회와 독립협회는 정부에 의해 해산되었습니다. 그러나 이들의 활

동으로 자유와 평등(민권)을 요구하는 사상이 확산되었습니다.

3. 서양 문물의 수용으로 변화하는 조선과 일본

서양의 생활양식을 받아들인 일본

19세기 후반 일본에서는 의식주를 비롯한 생활 전반에 서양풍의 생활양식이 퍼지기 시작했습니다. 남성 가운데 정부 고관과 공무원부터 양복을 착용했습니다. 그러나 양복은 비쌌기 때문에 빠르게 보급되지는 않았습니다. 도쿄 등 일부 도시에서만 양복을 입었고 다른 지역에서는 여전히 전통복장(기모노)을 입고 지냈습니다.

《히로시마신문》에 실린 쇠고기 광고

　에도 시대 일본인들은 살생을 금하는 불교의 영향으로 조류(鳥類) 이외의 육식을 죄악으로 여겼습니다. 하지만 메이지 시대가 되자 서양 문화가 들어와 자연스럽게 육식을

일본의 비각 특급 우편물을 배달할 경우 비각의 도보 속도는 시속 8~9킬로미터였다.

하게 되었고 정육점도 늘었습니다. 고기 요릿집도 생기고, 쇠고기전골도 먹었습니다. 여러 나라 음식이 일본으로 들어오면서 돈가스, 고로케, 카레라이스 등 양식을 먹는 음식 문화가 확산되었습니다.

17세기 후반에 시행된 비각제도●로 일반 사람들도 편지를 보낼 수 있었습니다. 그러나 에도와 오사카 간 편도로 약 30일 남짓 걸렸고, 이마저도 요금이 비싼 데다 배달이 예정보다 늦어져 무척 불편했습니다. 메이지 시대에 들어서면서 전국 어디서나 같은 요금으로 편지를 보낼 수 있게 되었습니다. 1871년부터는 우표를 파는 우편취급소가 생겨나 지금과 같은 우편제도가 마련되었습니다. 당시 도쿄와 오사카 간 우편물은 선박으로 운송했는데, 사흘 정도 걸렸습니다.

철도는 1872년부터 일본 최초로 신바시와 요코하마(29킬로미터) 구간에서 운행이 시작되었습니다. 당시 하루 9회 왕복으로 운행되던 열차의 평균 속도는 시속 32.8킬로미터였습니다. 예전에는 걸어서 10시간가량 걸리던 거리를 열차로 53분이면 갈 수 있었습니다. 운임은 쌀 약 10킬로그램 값으로 매우 비싼 편이었습니다. 그 후 철도는 국가 정책으로 인해 전국으로 퍼져갔습니다.

1872년에 일본 정부는 태음력을 태양력으로 바꾸었습니다.●● 그러나 연도는 서기 대신 메이지유신이 시작된 해인 1868년을 메이지 원년으로 정하여 표시했습니다.●●● 태양력을 실시하면서 신화(神話) 속 초대 덴노인 진무의 즉위일로 알려진 2월 11일을 '기원절'로, 메이지 덴노의 생일

● 일본 중세에 편지나 돈, 화물을 운송하는 제도로, 당시 배달원이 날아다니듯 빠른 속도로 이동하여 이들을 비각(飛脚)이라 불렀다.

●● 조선에서는 1895년 11월 17일부터 양력을 사용했고, 이날은 양력으로 1896년 1월 1일이 되었다.

●●● 일본에서는 1868년을 메이지 원년, 1869년을 메이지 2년으로 표기한다.

인 11월 3일을 '천장절'(덴노 탄생일)로 정하고 휴일로 지냈습니다. 학교에서는 태양력을 사용했으나 일상생활에서는 태음력도 사용했습니다.

변해가는 히로시마

지금도 세계 각지에서 사용하고 있는 인력거를 일본에서는 1868년에 만들었습니다. 1875년 무렵 히로시마 풍경을 그린 판화 속에도 인력거가 나옵니다. 인력거는 그때까지 사용하던 가마보다 속도가 빠르고, 요금도 마차보다 훨씬 쌌기 때문에 곧바로 대표적인 교통수단이 되었습니다. 19세기 말 일본에서 인력거 수는 약 20만 대가 넘었습니다.

아래 판화 그림에는 마른 날에도 우산을 쓰거나 들고 다니는 사람들이 많습니다. 바로 햇빛을 가리는 양산입니다. 식당 간판에 쇠고기(牛肉)라는 글자가 보이기 시작했습니다. 1878년 무렵에는 쇠고기 식당이 상당히 늘어나 신문광고를 낼 정도였습니다. 그리고 우유도 건강식으로 마셨습니다. 4층 건물의 목조 양옥이 보이긴 하지만 아직 본격적인 서양식 건축물은 많이 없었습니다. 1878년 신축된 히로시마 현 청사가 대표적인 서양식 건축물입니다.

1875년 무렵 히로시마 모습을 표현한 판화

신문물을 수용한 조선

19세기 후반 근대 서양 문물이 조선에 도입되면서 사람들의 생활 모습은 점차 변해갔습니다. 소매가 넓고 길이가 긴 한복은 활동하기 편하도록 소매를 좁히고 길이를 줄였습니다. 1900년에는 관리들의 관복을 양복으로 바꾸고, 일반인의 양복 착용을 정식으로 인정했습니다. 그러나 그 뒤에도 관리와 도시의 일부 사람들을 제외한 대부분의 사람들은 변함없이 한복을 입었습니다.

여성의 복장에도 큰 변화가 일어났습니다. 조선 시대 여성은 바깥출입을 할 때 장옷과 쓰개치마로 얼굴을 가려야 했습니다. 그러다 여성의 바깥출입이 자유로워지면서 장옷을 없애자는 운동이 일어났습니다. 그러나 여전히 많은 여성은 맨얼굴로 다니는 것이 익숙하지 않아서 장옷 대신 검정 양산을 들고 다니며 얼굴을 가렸습니다. 한성의 한 여학교에서는 장옷 사용을 폐지하면서 학생들의 자퇴가 잇따르자 검정 양산을 나눠주어 얼굴을 가리게 한 일도 있었습니다.

외국인이 들어오면서 음식 문화도 다양해졌습니다. 임오군란 때 들어온 청 상인들이 판매한 호떡과 짜장면이 특히 인기가 있었습니다. 일본 음식인 단팥죽과 어묵도 이때 들어왔습니다. 나이프와 포크를 쓰는 법이

장옷과 검정 양산을 쓴 조선의 여인 장옷을 쓰거나 장옷 대신 검정 양산을 쓴 여성들이 바깥 나들이를 나온 모습이다.

소개되었고, 스테이크·빵·아이스크림·커피도 소개되었습니다.

조선에 들어온 서양인과 일본인은 사과·포도·배 같은 새로운 과일 품종을 들여와 과수원을 경영했습니다. 1890년 서양 선교사들이 들여와 재배하기 시작한 사과는 대구 기후와 잘 맞아 대구 하면 사과를 떠올릴 정도로 유명해졌습니다.

계성학교 아담스관 1908년 대구에 지어진 이 건물은 경상도 최초의 서양식 학교 건물이다. 2층 붉은 벽돌집에 기와지붕을 얹어 한옥과 양옥의 특징을 함께 보여주고 있다.

개항 이후 외국인의 거주가 허용되면서 지금까지와는 다른 건축물이 하나둘씩 들어섰습니다. 시멘트, 철근, 벽돌로 이층집을 짓고, 창문에는 유리를 달았습니다. 또 목욕탕을 만들고 스팀을 이용한 난방 설비를 새로이 설치했습니다. 각국 영사관, 교회와 성당, 학교, 상점 등 다양한 목적의 서양식 건물이 들어서면서 거리의 풍경도 바뀌었습니다.

1885년 한성과 인천 간 처음으로 전신선이 연결된 이후 전보는 부산과 신의주를 거쳐 곧이어 일본·청과도 연결되었습니다. 그러나 조선인보다는 일본인이나 중국인이 군용으로 사용하는 등 주로 외국인이 사용했습니다. 1902년에는 시외 공중전화가 가설되었습니다. 그러나 당시 얼굴을 보지 않고 대화하는 것은 예의에 어긋난다고 생각하여 전화는 별로 사용되지 않았습니다.

경부철도 직행열차 시간표 《황성신문》 1905년 5월 1일자에 실린 열차 시간표다.

또한 철도가 개통되면서 일상생활에도 많은 변화가 일어났습니다. 한성에서 부산까지 걸어서 일주일 넘게 걸렸는데 경부선이 개통되면서 17시간 만에 갈 수 있었습니다. 기차를 타기 위해서는 시간을 정확히 지켜야 했기 때문에 철도는 사람들의 시간 개념을 크게 바꿔놓았습니다. 또한 기차는 요금을 지불하면 누구나 탈 수 있었습니다. 그러나 조선인 사이에서는 일본이 군사 목적으로 설치했다고 생각하여 반감도 컸습니다.

변모하는 도시, 대구

개항 전 대구의 상권과 교통의 중심지는 영남대로(한성과 부산을 연결하는 길)가 지나는 대구성의 남문과 서문 밖이었습니다. 그러나 경부철도 공사가 시작되면서 대구의 모습도 조금씩 변해갔습니다. 철도 공사 관계자들과 상인 등 일본인들이 대거 대구로 들어와 읍성 밖 동부와 북부 지역에 거주했습니다. 그곳은 현 대구역과 동성로 일대로, 지금은 번화가지만 당시는 저습지였습니다.

대구의 일본인들은 점차 거주지를 넓혀갔습니다. 상업 활동에 유리하도록 북부 지역에 대구역을 건설했습니다(1904년). 그리고 대구역 중심으로 도로를 만들고 공업 및 상업 지역으로 개발했습니다. 반면 종래 대구의 전통적인 상업 중심지였던 남부는 점차 쇠퇴해갔습니다.

이후 일본인들은 본격적으로 대구의 중심지를 상업 지역으로 독점하기 위해 대구 읍성 철거를 추진했습니다. 읍성 철거는 당시 대구 군수였던 박중양이 주도했습니다. 그는 정부의 허가도 받지 않고 일본인의 요구대로 성벽 철거를 시작했습니다. 대구 사람들의 거센 반발에도 불구하고 1907년 읍성 철거는 완료되었습니다. 그리고 철거된 성벽 자리에 넓은 도로를 내고 대구성을 관통하는 십자도로를 만들었습니다.

1903년(왼쪽)과 1914~15년(오른쪽) 대구 시가지도 왼쪽 지도에 표시된 부분은 1903년 당시 대구 읍성으로, 1907년 철거되어 오른쪽 지도에 보이듯 넓은 도로가 조성되었다.

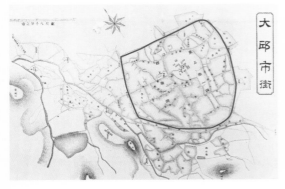

● 머리카락을 잘라라

일본은 1871년에 단발령(정식 명칭은 산발탈도령)을, 조선은 1895년에 단발령을 발포했습니다. 이러한 정부의 명령에 대해 조선인과 일본인의 대응은 달랐습니다.

일본은 상투를 틀지 않아도 좋다는 명령이었습니다. 그리고 메이지유신을 추진한 지도층이 중심이 되어 군인과 경찰, 공무원 등에게 상투를 자르게 한 뒤 일반 국민에게도 적용했습니다. 당시 일본에서는 "개화머리를 두드리면 문명개화의 소리가 난다"라는 말이 유행할 정도로 상투는 낡은 시대의 상징인 반면, 새로운 머리 모양은 문명개화의 상징으로 받아들여졌습니다.

조선의 단발령은 전통적인 머리 형태인 상투를 자르는 것이었습니다. 조선인은 부모로부터 받은 신체는 머리카락 한 올이라도 손상하지 않는 것이 효도라고 믿었기 때문에 대부분의 사람들은 상투를 자르는 것에 반대했습니다. 그리고 단발령은 명성황후 시해사건에 이은 일본의 또 다른 침략 행위라고 여겼습니다. 단발령의 부당함을 주장하는 상소가 이어졌고, 전국 각지에서 의병이 봉기했습니다. 결국 정부에서는 강제로 실시하던 단발을 폐지하고 1년 후에 개인의 자유 의사에 따라 단발을 하도록 했습니다.

미국에 파견된 조선(왼쪽)과 일본(오른쪽)의 사절단 조선과 일본이 각각 1883년과 1860년 미국에 처음으로 파견한 사절단의 모습으로, 모두 전통적인 복장과 머리 모양을 하고 있다.

3장

조선과 일본, 서로 다른 꿈을 꾸다

1. 조선에 대한 일본의 인식

정한론을 주장한 사람들

일본에서는 에도 시대 후반에 국학(國學)●이라는 학문이 발달했습니다. 국학은 유교나 불교의 영향을 받기 전 고대의 일본을 최고로 삼는 학문이었습니다. 국학 연구가 활발해지면서 일본이 청과 조선보다 우월하다는 의식이 강해졌습니다. 이러한 우월감으로 인해 바쿠후와 조선의 외교 관계에 대한 비판과 조선통신사에 대한 성대한 접대를 비난하는 여론이 일었습니다. 이런 식으로 조선을 정벌하자는 정한론이 나타났습니다.

　조슈 번 출신의 요시다 쇼인은 정한론을 가장 강력하게 주장하며, 많은 사람에게 영향을 끼쳤습니다. 그는 일본의 강대함을 강조하기 위해 실존 인물이 아닌 일본의 진구 황후가 신라를 공격했다는 전설과, 도요토미 히데요시가 조선을 침략한 것 등을 거론하며, 서양 열강에 굴복한 바쿠후를 신랄하게 비판했습니다. 그리고 조선을 공격해 복종시키자는 등 다른

● 국학은 17세기 일본에서 유학에 대항해 고대 일본의 역사와 사상을 연구하던 학문을 일컫는다.

나라를 침략해야 한다고 주장했습니다. 이후에 메이지 정부는 그가 주장한 바를 실행에 옮겼습니다.

요시다 쇼인의 영향을 받은 조슈 번 출신의 기도 다카요시는 메이지 정부에서 일찍부터 정한(征韓)을 주장했습니다. 그는 에조치의 영토를 확정하는 일보다 정한이 우선이며, 다수의 무사와 농민이 정부에 대해 불만이 강하므로 그 불만을 밖으로 돌리기 위해서라도 조선을 침략해야 한다고 주장했습니다. 그는 1868년에 조선을 일본의 지도에 넣고 싶다는 편지를 이와쿠라 도모미 등에게 보냈습니다. 짧은 기간이었지만 쇼인에게 배운 이토 히로부미도 정한론자였습니다.

요시다 쇼인(1830~1859)

이러한 정한론을 일본 국민에게 널리 알린 사람은 외무성 관리였던 사다 하쿠보였습니다. 그는 "조선인의 성격은 간사하고 완고해서 말을 듣게 하려면 무력행사가 필요"하다고 말했습니다. 또한 조선이 메이지 정부가 보낸 국서를 받지 않은 일은 황국인 일본에 수치를 준 것이라 주장했습니다. 사절과 함께 군대를 보내고, 그래도 국서를 받지 않으면 군대로 공격한다는 구체적인 계획까지 제시했습니다. 이 계획은 당시 일본의 국력과 서양 열강 및 청의 사정을 고려하여 즉시 실행하지는 않았지만 조선을 침략해야 한다는 의식이 확산되는 데 영향을 끼쳤습니다.

정한론을 비판한 사람들

한편, 정한론을 비판한 이들로 요시오카 고우키와 다야마 세이추가 있었습니다. 요시오카 고우키는 메이지 정부의 외교관으로, 조선과 국교 수립을 논의할 당시 최초로 교섭을 맡았던 인물이었습니다. 그는 외무성을 퇴직했으나 정한론이 들끓자 이에 반대하는 내용의 건백서(建白書, 의견이나 주장을 담은 서류)를 정부에 제출했습니다. 그는 건백서에 정한론을 주장하는 사람들이 "조선이 일본의 국서를 찢고 무례한 답서를 들이밀었다"라고 하는데, 그런 일은 실제로 없었다고 적었습니다. 또한 조선이 일본과 국교를 수립하는 데 소극적인 태도를 보인 데에는 일본의 책임도 있다고 했습니다. 메이지 정부가 조선에 보낸 국서에 조선을 속국으로 만들려는 의도가 엿보이는 문구가 있었다는 것입니다. 만약 국교가 맺어지지 않는 것을 이유로 조선을 정벌한다면 서양인이 일본의 쇄국을 이유로 침공해온 것도 비난할 수 없다며, 자신이 당하기 싫은 일은 타인에게도 해서는 안 된다며 정한론을 비판했습니다.

다야마 세이추 또한 "조선 사람들이 속이지 않고, 거짓말하지 않으며 기질이 아름다운 것은 아시아에서도 출중하다"라며 정한론을 비판했습니다. 그는 "국내의 싸움을 회피하기 위해 조선에서 사건을 일으켜 사람들의 눈을 돌리려는 자가 있다. 그렇게 하면 도요토미 히데요시의 전철을 밟게 될 것이다", "조선에서 사건을 일으켜 일본인을 분기시키려는 자가 있다. 일부러 사건을 일으켜 약소국으로 깔보며 침범하려 한다. 그렇게 하면 세계의 비난을 면할 수 없을 것이다"라고 했습니다.

2. 일본에 대한 조선의 인식

서양과 일본을 오랑캐로 본 사람들

중국(한족)이 자신을 문명의 중심으로 놓고 주변 국가들을 오랑캐로 본 것처럼, 명이 멸망한 이후 조선의 지배층은 명이 가졌던 중화의 정통성을 조선이 이어받았다는 문화적 자부심을 갖고 있었습니다. 그래서 조선만이 최고의 문명국이며 주변 다른 나라들은 조선보다 문명이 낮고, 서양은 예의와 문명이 가장 뒤처진 나라라고 여겼습니다. 특히, 1868년 서양인이 조선 왕족의 무덤을 도굴하려다 발각되어 달아났는데, 이를 계기로 조선에서는 서양인을 오랑캐로 보는 풍조가 널리 퍼졌습니다.

최익현을 비롯한 보수적인 유생들은 메이지유신 이후 조선에 접근해온 일본을 서양과 동일하게 생각했습니다. 일본이 서양 여러 나라와 조약을 맺고, 풍습을 바꾸어 서양 옷을 입었으며 서양식 군대를 가졌다는 이유에서였습니다. 그리고 일본의 류큐 왕국 병합과 운요호 사건 등에서 서양과 같은 침략성과 야만성을 볼 수 있다고 주장했습니다. 이러한 일본과 교류한다면 조선의 전통과 풍습은 파괴될 것이고, 머지않아 서양의 침략으로 이어져 나라까지 빼앗기게 될 것이므로 일본을 물리쳐야 한다고 주장했습니다.

그러나 일부 유생들 사이에서는 일본이 서양의 과학기술과 학문을 받아들여 나라가 부강해졌음을 인정하고 서양 문물을 받아들여야 한다는 인식이 싹트고 있었습니다.

최익현　조선 말기의 유학자로, 위정척사론을 주장하며 일본과의 통상수교를 반대했다.

일본을 근대화의 모델로 삼은 사람들

개항 이후 조선에서는 근대화의 모델을 청과 일본 중 어느 나라로 할 것인가에 대해 의견이 분분했습니다. 개화파 가운데 김옥균, 박영효 같은 젊은 관료들은 외교 사절단의 핵심 인물로 일본과 미국을 다녀온 뒤 일본의 문명개화에 깊은 관심을 가졌습니다. 이들은 조선이 진정한 자주독립과 근대화를 이루기 위해서는 일본과 같은 전면적인 근대화를 이루어야 한다고 생각했습니다.

이들은 입법·사법·행정의 3권이 분립되어 있고, 각 행정기구가 독립성과 전문성을 띠는 일본의 정부 형태를 개혁의 모델로 받아들였습니다.

개화파 사람들 미국 보빙사로 가는 사절단이 일본에 도착했을 때 찍은 사진이다. 앞줄 가운데 앉은 사람이 민영익이며, 그 왼쪽 학생이 당시 일본에 유학 중이던 박용화이다. 앨범을 든 사람이 서광범, 뒷줄 왼쪽에서 네 번째가 유길준이다.

그래서 왕은 상징적 존재로 국가 통합의 구심 역할만 하고, 대신들로 구성된 내각에서 실무를 담당하는 정치체제를 만들려 했습니다. 그리고 일본의 징병제와 같이 언제든지 동원할 수 있는 잘 훈련된 군대를 창설하려 했습니다. 또한 강력한 정부가 중심이 되어 공장을 만들고, 화폐와 조세제도를 개혁하여 경제를 발전시키고자 했습니다. 그 밖에도 철도와 도로망을 정비하여 상품 유통과 사람들의 왕래를 촉진하고, 우편과 전신제도를 도입하여 정보와 지식을 원활하게 교류시키려 했습니다.

이렇게 이들은 일본의 존재를 인정하고 일본을 통해 서양 문물을 받아들여 조선의 발전을 이루려 했습니다. 또한 일본의 힘을 이용해 청의 간섭을 물리치고 동아시아에서 독립국가로서 세력 균형을 유지하고자 했습니다.

◉ 일본의 아시아관에 영향을 미친 후쿠자와 유키치

1872년에 간행된 후쿠자와 유키치의《학문을 권함》이라는 책을 당시 일
본인 10명 중 1명 이상이 읽었다고 합니다. 글의 첫머리에 쓰인 "하늘은
사람 위에 사람을 만들지 않았고 사람 아래에 사람을 만들지 않았다고 한
다"라는 문장은 인간 평등을 주장한 것으로 유명합니다. 당시 많은 일본
인이 후쿠자와 유키치의 인간 평등 선언을 환영했습니다. 봉건적 신분제
도에 속박되어 있던 사람들이 해방의 꿈과 희망을 찾아냈기 때문입니다.

후쿠자와 유키치

　그러나 그의 생각은 점점 변해갔습니다. 이후 그는 민중은 무지하여 합
리적인 방법으로 깨우칠 수 없기 때문에 힘으로 위협할 수밖에 없다고 했
습니다. 이런 그의 생각은 1881년에 간행된《시사소언(時事小言)》에 잘 나
타나 있습니다. 이 책에서 그는 인간 평등을 실현해야 하지만 사람이 정치
를 하다 보면 인권을 규제하는 일과 인권보다 우선하는 일이 있다고 주장
했습니다.

《학문을 권함》

　조선과 그의 관계는 1880년 김옥균의 비밀 명령을 받고 일본에 건너간
조선 승려와의 만남에서 시작되었습니다. 그 후 일본을 방문한 김옥균과
교류하며 조선의 개화에 관계합니다. 그는 조선이 혼란해지면 일본에 나쁜
영향을 미치기 때문에 이를 막기 위해 조선을 도와 근대화시켜야 한다고
주장했습니다. 이를 위해 자금과 무기 조달에 많은 원조를 하기도 했습니
다. 또한 조선 최초의 신문인《한성순보》를 발간하는 데도 도움을 주었습니다.

　갑신정변이 실패하자 조선은 스스로 독립을 유지하고 근대화를 실행할 수 없는 나라라며
조선과의 연대를 포기했습니다. 그는《지지신보》에 쓴 〈탈아론(脫亞論)〉이라는 사설에서 일
본은 이웃나라가 부강해질 때까지 기다려 함께 아시아를 번영시킬 여유가 없기 때문에 아
시아를 벗어나 서양 문명국과 보조를 맞춰야 한다고 주장했습니다. 그리고 청과 조선은 일
본에 조금도 도움이 되지 않는 나쁜 이웃이므로 특별히 대우할 필요가 없고, 서양이 그들과
접촉하는 방식대로 대우하면 된다고 했습니다. 결국 그는 자유민권운동을 주장했지만 그의
사상은 대외적으로 일본의 아시아 침략을 뒷받침했습니다.

2부

침략과
저항

1장

조선, 청일전쟁의 전쟁터가 되다

1. 조선에서 벌어진 청일전쟁

경복궁 점령에서 시작된 전쟁

임오군란과 갑신정변을 거치면서 일본은 청에 비해 군사력이 뒤떨어진다고 판단했습니다. 그래서 청과 러시아의 위협을 이유로 해군을 중심으로 군사력을 길렀습니다. 1884년까지 국가 예산의 20퍼센트도 안 되던 군사비 예산을 해마다 늘려서 1890년에는 25퍼센트를 넘어섰습니다.

　1890년 수상 야마가타 아리토모●는 의회 연설에서 다른 나라의 침입을 막고 독립을 지키기 위해서는 주권선(主權線, 국경)을 지키는 것만으로는 안 되고, 국경을 넘어선 이익선(利益線, 세력권)을 지켜야 한다고 주장했습니다. 야마가타가 말한 이익선이란 바로 조선을 뜻했습니다.

　1894년 조선에서 동학농민운동이 일어나 정부군이 농민군에게 패배하자 조선 정부는 청에 군대 파견을 요청했습니다. 조선의 정세를 살피던 일본은 이 소식을 전해 듣고 이익선인 조선을 확보하기 위해서는 청과 전

● 메이지 정부의 주요 인물로, 징병령을 통해 육군을 구축하는 데 기여하여 '일본 육군의 아버지'라 불린다. 일본 수상을 두 번 역임하며 정계와 군대에 강한 영향력을 행사한 군인이자 정치가이다.

쟁을 하여 승리해야 한다고 판단했습니다. 그래서 조선 정부가 요청하지 않았음에도 조선에 군대를 파견하기로 결정하고, 일본군의 작전본부인 대본영(大本營)[•]을 도쿄에 설치했습니다. 그리고 톈진조약에 따라 조선에 군대를 파견한다는 청의 통보를 받자마자 바로 청이 파견한 군사보다 많은 7천 명의 병력을 1진으로 배치해 히로시마의 우지나 항에서 조선으로 출발했습니다.

청군뿐 아니라 일본군까지 조선 땅으로 들어오자, 동학농민군은 청과 일본의 군대가 조선에 남아 있을 구실을 없애기 위해 정부와 협상을 벌여 개혁에 대한 약속을 받아내고 해산했습니다(전주화약). 그 뒤 조선 정부는 일본과 청에 군대 철수를 요구했습니다. 하지만 전쟁을 일으킬 명분을 찾고 있던 일본은 철군을 미루며 청에게 양국이 참여하여 조선의 내정을 개혁하자는 제안을 했습니다. 그러자 청은 조선에 대한 내정 간섭이라며 일본의 제안을 거부했습니다. 이에 일본은 단독으로 조선 정부에 개혁안을 들이밀었고, 조선 정부가 받아들이지 않자 군대를 움직여 1894년 6월 21일(양력 7월 23일) 경복궁을 기습 공격했습니다. 조선 수비대는 치열하게 싸웠으나 패배하여 무장 해제되었습니다(경복궁 점령사건). 일본군은 고종을 포위한 채 새 내각을 구성하고, 청과 맺은 모든 조약을 무효화하고 청군에게 철수를 요구하라고 강요했습니다. 그리고 일본은 이를 명분 삼아 6월 23일(양력 7월 25일) 청 함대를 기습 공격하고, 육상 전투도 시작했습니

● 덴노 직속의 일본군 최고 통수기관으로 청일전쟁, 러일전쟁, 중일전쟁 당시 설치되었다.

인천항에 상륙하는 일본군
1894년 5월 초(양력 6월 초) 보병과 기마병으로 구성된 일본군이 인천에 상륙했다. 멀리 일본군이 보이고 앞쪽에 한복을 입은 조선인이 보인다.

◉ 대본영이 설치되면서 군사 도시가 된 히로시마

1886년 히로시마에는 육군의 대부대(제5사단)가 설치되었고, 히로시마 현 구레 시의 해군기지도 정비되었습니다. 1894년 5월(양력 6월)에는 도쿄에서 히로시마까지 철도가 개통되어 일본 각지에서 징발한 병사와 물자를 히로시마로 집결시킬 수 있었습니다. 청일전쟁이 일어나기 전에 이미 히로시마는 군사적으로 중요한 거점이 된 것입니다. 한반도와 중국 대륙과 가까운 데다 군수 물자의 대량 수송이 가능한 서쪽 도시였기 때문입니다.

청일전쟁이 발발하자 그해 8월(양력 9월) 도쿄에 설치했던 대본영을 히로시마로 옮기고, 대원수인 덴노도 거처를 옮겨왔습니다. 덴노가 선두에서 전쟁을 치르고 있음을 보여주기 위해서였습니다. 히로시마에서 덴노는 아침부터 군복을 입고 생활하며, 밤늦게까지 군사 업무를 보았습니다. 전승 축하 연회를 비롯해 청군 포로를 시찰하는 등 전쟁과 관련된 행사에 참석했습니다.

기차를 타고 히로시마 역에 도착한 병사들은 시의 남단에 있는 우지나 항에서 배를 타고 조선으로 건너갔습니다. 6년의 공사 끝에 1889년 완공된 우지나 항에서는 많은 배가 출항할 수 있었습니다. 전쟁이 본격화되자 히로시마 역과 우지나 항 사이에 물자와 병력 수송을 원활히 하기 위해 서둘러 군용철도(약 6킬로미터)를 건설했습니다. 이 철도는 불과 16일 만에 완공되었습니다.

청일전쟁이 끝나고 나서 대본영은 히로시마에서 철수했지만 히로시마는 그 뒤에도 동아시아, 동남아시아, 태평양 지역 등을 공격하기 위한 기지로서 다양한 군사 시설이 들어서면서 군사적 성격이 강해졌습니다. 그래서 히로시마를 '군사 도시'라고 합니다.

우지나 항을 출발하는 일본군

군복을 입은 일본 메이지 덴노

다. 이어 7월 1일(양력 8월 1일) 일본은 청에 선전포고를 했습니다.

청과 일본이 맺은 시모노세키조약

일본은 황해에서 청의 북양함대를 물리치고, 평양전투에서도 승리했습니다. 조선에서 청의 영향력을 없애는 것이 일본이 전쟁을 벌인 표면적인 이유였습니다. 그러나 일본은 여기서 그치지 않고 청의 영토를 빼앗기 위해 압록강을 넘어 랴오둥 반도의 뤼순을 침략했습니다. 뤼순을 점령한 일본군은 청군을 소탕한다는 구실로 포로와 일반인을 학살했습니다. 이 사건은 미국과 영국의 각 신문에 크게 보도되어 국제적으로 문제가 되었습니다. 하지만 일본에서는 한 줄도 보도되지 않았습니다.

청일전쟁의 진행

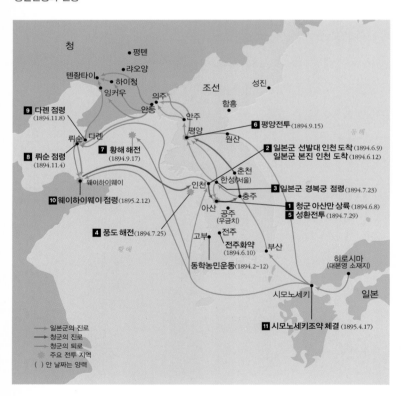

1895년 1월(양력 2월), 일본군이 청의 북양함대 기지인 웨이하이웨이를 점령하여 큰 타격을 입힌 뒤 전쟁은 종결되었습니다. 이어서 같은 해 3월(양력 4월), 일본과 청은 시모노세키조약을 조인했습니다. 조약 체결 결과, 청은 조선이 독립국임을 인정하고, 랴오둥 반도와 타이완 등을 일본에 양도하게 되었습니다. 그리고 청은 일본에 2억 량(당시 일본 국가 예산의 4.2배에 해당하는 금액)을 배상금으로 지불해야 했습니다.

타이완을 획득한 일본은 타이완총독부를 설치하고 주민의 저항을 무력으로 진압하면서 식민통치를 실시했습니다. 또한 청의 배상금을 자본으로 삼아 근대적 제철소인 야하타 제철소(지금의 신일본제철)를 건립하여 군수산업의 기초를 마련했습니다. 새로운 영토를 차지하고 많은 배상금을 손에 쥐게 된 일본은 전쟁에 대한 자신감과 군국주의●가 더욱 강해졌습니다. 일본인으로서 우월감이 높아진 반면 아시아인들에 대한 멸시감도 그에 비례하여 널리 퍼졌습니다.

야하타 제철소 이곳에서는 1901년부터 철강을 생산했다. 사진은 제철소 건설 중 용광로 앞에서 기념 촬영하는 이토 히로부미를 포함한 시찰단의 모습이다.

군수 물자 운반에 징발된 조선인

전쟁 초기 일본군은 황해를 완전히 지배하지 못한 탓에 선박을 이용해 군수 물자를 수송하는 데 어려움을 많이 겪었습니다. 일본에서 부산까지 배로 옮긴 군수 물자를 일본군 인부를 비롯해 소, 말과 함께 조선 농민을 징발해 육로로 북쪽 전선까지 옮겼습니다.●●

이처럼 청일전쟁으로 조선인은 심한 고통을 받았습니다. 일본군은 조선 농민들을 가혹하게 부렸는데, 심지어는 일사병에 걸려 움직이지도 못하는 사람까지 쉬지 않고 물자를 옮기게 했습니다. 그 때문에 농민들은 '차라리 죽이라'고 저항하기도 했습니다. 실제로 일본인 지휘관은 '군대 규율의 엄중함을 보인다'며 죽이는 경우도 있었습니다. 농민들은 겨울인데도 방한복을 지급받지 못해 얼어붙은 압록강을 건너다 심한 동상에 걸렸습니다. 부근에 일본 육군병원이 있었으나 조선인들은 적절한 치료를 받지 못해서 많은 이들이 손발을 잘라내는 고통을 겪어야 했습니다.

일본은 조선 정부에 '이 전쟁은 조선의 독립을 위한 전쟁이다'라며 선전을 강요했습니다. 하지만 징발을 원하지 않았던 대부분의 조선 농민은

● 국가의 가장 중요한 목적을 군사력에 의한 대외적 발전이라 여기며, 전쟁과 전쟁 준비를 위한 정책과 제도를 국민의 생활 속에서 가장 최상위에 두고 있는 이념을 일컫는다.

●● 청일전쟁에 동원된 일본군은 17만 명, 일본군 인부는 15만 명 정도였으며, 일본이 징발한 조선과 청의 노동력은 연인원 1,200만 명으로 추정된다.

청일전쟁에 징발된 조선인 군인들 조선인은 군수 물자 운반에 강제로 동원되었을 뿐 아니라 전쟁에도 징발되어 대리전쟁을 치러야 했다. 사진은 일본에 의해 징발된 조선인 군인이 청군 포로를 지키고 있는 모습이다.

징발을 피하려고 마을 전체가 소와 말을 데리고 사라져버리는 일도 있었습니다.

일본군은 징발한 농민이 탈출하지 못하도록 곤봉과 채찍으로 엄중히 감시했습니다. 그럼에도 목숨을 걸고 탈출하는 이들이 있었습니다. 농민들이 소 400여 마리를 끌고 도망가버리는 바람에 책임을 맡은 일본인 장교가 자살했다는 기록도 있습니다.

일본군은 전쟁 상황을 신속히 전달하기 위해 조선 정부 소유의 전신선을 이용했습니다. 한성과 대구 등지의 주요 전신국을 점거하여 군용 전신국으로 삼았을 뿐 아니라, 추가로 필요한 군용 전신선은 조선 농민을 징발하여 새로 가설했습니다. 농민들은 공사를 방해하거나 가설된 전신선을 절단하며 일본군에 저항했습니다.

한편, 전쟁터가 된 조선 북부 지역과 만주(중국 동북 지방)에서는 수많은 전사자가 매장도 되지 않은 채 방치되었습니다. 당시는 위생 상태도 나빴기 때문에 이질과 콜레라 등의 전염병이 쉽게 퍼졌습니다. 전쟁 말기에 만주에서 발생한 콜레라가 조선에 퍼져 약 30만 명의 조선인이 목숨을 잃었습니다.

2. 삼국간섭과 을미사변

삼국간섭으로 약해진 일본의 영향력

청일전쟁에서 승리한 뒤 일본은 조선에 대한 영향력을 더욱 강화했습니다. 이제까지 조선에 영향을 미치던 청과의 관계를 단절시키고, 조선 왕실이 정치에 개입하지 못하도록 막는 등 일본인이 정치를 장악할 수 있는 조건을 마련했습니다.

일본은 전쟁 후 청에게서 랴오둥 반도를 빼앗아 대륙 침략도 순조롭게 진행되는 듯했습니다. 그러나 일본이 차지한 랴오둥 반도는 겨울에도 얼지 않는 항구를 확보하기 위해 남하 정책을 추진해온 러시아에게 중요한 지역이었습니다. 러시아는 독일과 프랑스를 끌어들여 일본에게 랴오둥 반도를 포기하라고 요구했습니다. 삼국을 상대로 차마 전쟁을 일으킬 수는 없었던 일본은 1895년 랴오둥 반도를 청에 반환했습니다(삼국간섭). 그 후 일본 정부와 언론은 '와신상담'이라는 구호를 내걸고 러시아를 이기기 위해 국민들이 고통을 참고 군비 확장을 지지해야 한다는 분위기를 만들어갔습니다

조선은 삼국간섭으로 일본의 영향력이 약해진 틈을 타 일본 세력을 배척하는 한편 러시아를 끌어들여 독립을 유지하려고 했습니다. 고종의 이러한 정책 결정 과정에 명성황후가 개입해 상당한 영향을 끼쳤습니다. 그리하여 명성황후의 후원으로 일본에 적대적이고 러시아에 우호적인 세력이 정부 요직에 폭넓게 기용되었습니다. 반면 조선 정부 내에서 친일세력은 약화되었습니다.

명성황후 장례식 을미사변으로 시해된 지 2년이 지난 1897년 11월에야 명성황후의 장례가 치러졌다. 고종이 대한제국 황제로 즉위하면서 명성이라는 시호가 내려지고 황후로 봉해졌다.

명성황후를 시해한 일본

일본 정부는 어떤 방법을 써서라도 조선과 러시아의 관계가 가까워지는 것을 막으려 했습니다. 이러한 상황에서 일본 정부는 외교관 경력이 전혀 없던 군인 출신의

일본의 대륙 낭인은 어떤 사람이었나?

일본은 한반도와 중국 대륙을 침략하기 위해 '대륙 낭인'이라 불리는 민간인을 이용했습니다. 대륙 낭인은 일본이 아시아의 지도자가 되어 조선과 중국을 개혁해야 한다고 생각했습니다. 그래서 청일전쟁 후 신문기자나 상인 등의 모습을 하고 조선 각지를 돌면서 몰래 조선의 사정을 조사했으며, 일본의 침략을 돕기 위해 테러 활동에 가담하기도 했습니다. 이들 중에는 자유민권운동에 참가하거나 일본이 서양과 맺은 불평등 조약의 개정을 요구하며 서양에 대한 일본의 지위를 향상시키려 한 사람들도 있었습니다. 이들은 일본 입장에서 볼 때 열렬한 애국주의자였고, 스스로도 그러한 자부심을 가지고 있었습니다. 그 때문에 일본인은 명성황후를 살해한 이들을 영웅 취급했습니다.

미우라 고로를 일본 공사로 조선에 파견했습니다. 미우라는 일본의 조선 침략에 방해가 되는 명성황후를 제거하기 위해 조선에 와 있던 일본의 대륙 낭인들을 이용했습니다.

1895년 8월 20일(양력 10월 8일) 새벽, 일본군 수비대와 대륙 낭인, 일본인 교관이 가르치던 조선 훈련대 한 무리가 경복궁에 잠입했습니다. 그들은 명성황후를 시해한 뒤, 증거를 없애기 위해 시신을 불태웠습니다(을미사변).

미우라 공사는 사건을 모의하면서 이를 조선 내부의 권력 다툼으로 위장하기 위해 조선 훈련대를 앞장세우고, 일본인 가담자들에게도 조선 옷을 입혔습니다. 그러나 현장을 직접 목격한 미국인과 러시아인의 증언으로 일본이 왕비 시해 사건을 저질렀다는 사실이 전 세계에 알려졌습니다. 국제적인 비난이 일자 일본 정부는 미우라 공사를 해임하고 사건 관련자 전원을 일본으로 소환했습니다. 조선은 왕비가 시해당했음에도 조일수호조규의 치외법권 조항 때문에 이들을 직접 처벌하지 못했습니다.

사건에 관련된 일본군과 민간인 50여 명은 히로시마에서 재판을 받았습니다. 그러나 그들은 감옥에서 영웅 대접을 받으며 지내다 재판에서 증거 불충분을 이유로 전원 무죄 석방되었습니다. 시해 사건 관련자들에 대한 재판은 국제적인 비난을 피하기 위한 형식에 지나지 않았습니다. 이후 관련자 대부분은 일본 정부의 중요한 직책에 등용되는 등 상당한 대우를 받았습니다.

◉ 우범선과 우장춘

명성황후 시해 당시 일본인의 습격에 가담한 조선 훈련대 제2대대장 우범선은 사건 후 일본으로 망명했습니다. 그 후 일본인 여성과 결혼해 히로시마 현 구레 시에 살면서 장남인 우장춘을 낳았습니다. 하지만 그는 1903년 조선에서 온 자객에게 살해당했습니다. 우장춘이 다섯 살 때의 일입니다.

우장춘은 고학으로 구레의 중학교(지금의 구레미쓰타고교)를 졸업한 뒤 도쿄제국대학(지금의 도쿄대학) 농업실과를 거쳐 농상무성에 취직했습니다. 이곳에서 연구하면서 세계적인 평가를 받아 박사학위까지 받았지만 그에 걸맞은 직위는 얻지 못했습니다.

그는 아버지를 돕던 일본인의 양자로 들어가 아내와 아이에게 일본인 성을 따르도록 했습니다. 그러나 자신은 '우'씨 성을 버리지 않았습니다. 민간 회사에 취직한 뒤에는 유학 온 조선인 청년에게 농업기술을 가르쳤습니다.

1947년 한국에서 국제적으로 유명해진 농학자를 모시자는 '우장춘 박사 귀국 추진 운동'이 일어나자 그는 귀국을 결심했습니다. 이후 부산의 '한국농업과학연구소'에서 일본의 식민지 지배와 한국전쟁으로 황폐해진 한국 농업을 재건하고 농민의 생활 향상을 위해 밤낮으로 연구에 힘썼습니다. 그리하여 한국의 풍토에 맞는 배추와 무, 제주 감귤, 강원도 감자의 품종 개량에 커다란 성과를 올렸습니다.

가족사진 왼쪽이 우범선이고, 가운데가 어린 시절의 우장춘이다.

우장춘은 사람들에게 '고무신 할아버지'로 불리며 많은 사랑을 받았습니다. 1959년 죽기 직전에는 한국에서 두 번째로 '대한민국 문화포장'을 받았습니다. 그가 활동했던 부산의 연구소 자리에는 그의 업적을 기린 '우장춘기념관'이 있습니다.

우장춘

2장

러일전쟁에서 승리한 일본, 대한제국을 침탈하다

1. 대한제국을 수립하다

러시아 공사관으로 옮겨간 고종

고종은 을미사변으로 신변의 위협을 느꼈습니다. 게다가 일본의 간섭을 받으며 추진된 개혁으로 왕권도 크게 제약을 받았습니다. 고종은 이러한 상황에서 벗어나기 위해 미국 공사관으로 피신하려다 실패한 뒤 다시 러시아의 도움을 받으려고 했습니다. 1896년 고종은 러시아 공사관으로 집무 장소를 옮기기로 결정하고, 아들(이후 순종)과 함께 비밀리에 궁궐을 벗어나 거처를 옮겼습니다(아관파천). 친일 내각은 물론 일본 정부도 전혀 예상하지 못한 일이었습니다.

러시아 공사관에 도착한 고종은 즉시 친일 내각 인사들을 역적으로 규정해 처벌했습니다. 군중들은 그들 가운데 몇몇을 살해하기도 했습니다. 이후 새롭게 조직한 내각에서 친일 세력은 약화되었습니다. 고종이 러시아 공사관에 머무는 것을 기회로 러시아는 압록강과 두만강의 삼림 채벌권 등을 차지했습니다. 그러자 미국과 일본 등 다른 열강들도 기회 균등을 요구하며 광산 채굴권, 철도 부설권 등 각종 이권을 차지했습니다.

대한제국 황제 고종 광무 6년(1902년) 경운궁 중화전에서 황제의 상징인 황룡포를 입은 고종이 어좌에 앉아 있다.

왕의 나라에서 황제의 나라로

아관파천 이후 고종이 다시 궁궐로 돌아와야 한다는 여론이 높아졌습니다. 고종은 일본과 러시아가 서로 견제하므로 어느 한쪽이 일방적으로 간섭하기는 어려울 것이라고 판단했습니다. 그래서 러시아 공사관으로 간 지 1년 만에 경운궁(지금의 덕수궁)으로 돌아왔습니다.

1897년 환궁 후 고종은 연호를 광무(光武)라 정하고, 국호를 대한제국(大韓帝國)으로 바꾸어 황제로 즉위했습니다. 또한 고종은 《대한국 국제(大韓國 國制)》를 반포하여 대한제국이 외국의 간섭을 받지 않는 자주 독립 국가이고, 황제가 최고 권력자임을 국내외에 선포했습니다.

그리고 근대 국가의 면모를 갖추기 위해 개혁을 추진했습니다. 일본군에게 궁궐을 점령당한 경험을 되새겨 우선 국방력을 키우기 위해 군대를 증강했습니다. 또한 국가 재정을 충실히 하고자 토지를 측량하고 토지 문서를 새로 발급하여 합리적으로 세금을 거두어들이려 했습니다. 상공업을 발전시키기 위해 섬유, 광업, 금융 등의 부문에서 여러 회사와 공장을 설립했습니다. 우편 학당, 상공업 학교, 잠업 시험장, 공업 견습소 같은 각종 산업학교와 기술 교육 기관을 설립하고, 기술 습득을 위해 외국에 유학생도 파견했습니다(광무개혁).

● 근대 도시로 다시 태어난 한성

러시아 공사관에서 환궁한 후 고종은 한성을 근대 도시로 새롭게 만드는 사업을 추진했습니다. 당시 한성은 인구가 증가하고 상업이 발달하면서 집과 상가가 옛 도로를 파고들어 길이 좁고 불편했습니다. 그리하여 먼저 도로를 정비했습니다. 종로를 포함한 한성의 주요 도로를 폭이 15미터가 넘게 확장했습니다. 도로 바닥에는 진흙 대신 자갈을 깔고 배수구도 새로이 설치했습니다. 또한 황제가 거처하던 경운궁을 중심으로 햇살처럼 사방으로 뻗어나간 도로를 내었습니다. 이제 한성은 대한제국의 수도로서 황제가 중심에 있다는 것을 상징적으로 보여주면서 교통도 편리해졌습니다. 이러한 방사상 도로망은 19세기부터 서양에서 유행하던 것이었습니다.

또한 세계 만국에 대한제국이 완전한 독립국임을 알리고자 독립협회를 지원해 과거 중국 사신을 맞이하던 자리에 독립문을 세웠습니다. 그리고 중국 사신이 머물던 숙소 자리에는 환구단을 건립해 그곳에서 고종의 황제 즉위식을 치렀습니다. 이 밖에도 새롭게 공원을 조성하고, 전기·수도·전차·철도 등 새로운 시설을 도입하면서 한성은 근대 도시로 바뀌어갔습니다. 그러나 러일전쟁을 전후하여 이러한 '근대 도시 만들기'도 일본에 의해 중단되었습니다.

환구단과 황궁우 하늘에 제사를 지내는 환구단에서 고종 황제가 1897년에 즉위식을 거행했다. 사진 오른쪽이 환구단이고, 왼쪽이 환구단의 부속 건물로서 위패를 모시던 황궁우이다. 환구단은 1913년 조선총독부에 의해 헐렸고 그 자리에 호텔이 들어섰다. 현재는 황궁우만 남아 있다.

1887년(왼쪽)과 1900년대 초(오른쪽) 한성의 남대문 일대 1900년대 초 도로 정비가 이루어진 후 전신주와 전차로 등 근대 시설물이 들어섰음을 알 수 있다.

2. 일본, 러시아와의 전쟁을 준비하다

러시아의 만주 점령

삼국간섭 이후 러시아는 청으로부터 만주 지역 철도 부설권을 얻었습니다. 또한 남만주의 뤼순·다롄을 조차(租借, 합의에 따라 다른 나라 영토의 일부를 빌려 일정 기간 통치하는 행위)해서 대규모 해군 기지를 건설하기 시작했습니다. 한편, 청에서는 외국의 침략으로 생활 수단을 빼앗긴 농민과 궁핍한 도시 사람들이 침략자를 물리치기 위해 의화단을 조직했습니다. 그들은 1900년에 '청을 도와 서양을 물리치자〔부청멸양扶淸滅洋〕'라는 구호를 외치며 베이징의 각국 공사관을 포위했습니다. 청은 이 기세를 타고 서양 각국에 선전포고했습니다. 그러자 일본은 즉시 출병하여 영국·러시아와 함께 8개국 연합군을 조직하여 베이징을 점령하고 의화단 활동을 진압했습니다. 이때 일본은 연합군의 3분의 2에 해당하는 2만 2천 명의 군사를 파병했습니다. 이는 청일전쟁에 이은 두 번째의 대규모 출병으로,

8개국 연합군의 베이징 입성 일본을 비롯한 8개국 연합군이 의화단을 진압한다는 명분으로 각국의 국기를 앞세우고 베이징에 입성하는 모습이다.

1905년 영일동맹 기념 엽
서 영국 소녀는 덴노를 상징
하는 국화꽃을 들고, 일본 소
녀는 영국 국화인 장미꽃을
들고 손을 잡고 있다.

서양 열강에 일본의 힘을 보여주려는 의도도 있었습니
다. 이듬해 강화조약이 체결되어 일본을 비롯한 7개국
은 청에서 군대를 철수했으나, 러시아는 철도 건설을
방해하는 의화단을 제압한다는 구실을 내세워 2만 명
으로 군대를 증강하여 만주를 점령했습니다.

러시아에 대한 강경론이 불거진 일본

만주를 점령한 러시아가 한반도까지 지배할 것을 우려한 일본은 러시아
에 대항해 대한제국에서 일본의 권익을 확보해야 한다고 판단했습니다.
그리하여 일본은 러시아가 대한제국으로 세력을 확대하는 것을 막기 위
해 1902년 영국과 동맹을 맺었습니다(제1차 영일동맹).

　일본에서는 청일전쟁 이후, 국가 이익을 최고의 가치로 내세운 '국가
주의' 이념 교육을 강화하고, 국민에게 '충군애국' 정신을 주입했습니다.
삼국간섭과 러시아의 남하로 위기의식을 느낀 일본에서는 러시아와 전
쟁을 벌이자는 강경론이 대두했습니다.

3. 일본의 승리로 끝난 러일전쟁

중립을 선언한 대한제국

일본과 러시아 사이에 전쟁의 기운이 감돌자 대한제국은 전쟁에 말려들
지 않기 위해 중립을 유지하고자 했습니다. 전쟁이 임박하자 대한제국은
1904년 1월 국외중립(局外中立, 교전국 가운데 어느 쪽도 편들지 않고 평화
적 관계를 유지하는 상태)을 선언했습니다. 영국·프랑스·청은 이 선언을
승인했으나 일본과 러시아는 승인하지 않았습니다.

국외중립을 선언한 대한제국에서는 전쟁은 물론이고 군대 통과, 항구 사용 등 전쟁과 관련된 어떠한 행위도 할 수 없었습니다. 하지만 일본은 중립 선언을 무시하고 선전포고 전에 한성에 군대를 파견하여 경운궁을 점령했습니다. 그리고 개전 직후에 일본의 전쟁 수행에 전면적으로 협력할 것을 강요하는 '한일의정서'●를 체결했습니다. 의정서 조인에 끝까지 반대했던 이용익은 일본군에 납치되어 열 달 동안 일본에 연금되기도 했습니다. 일본은 한일의정서를 근거로 대한제국으로부터 일본군 주둔과 철도 건설에 필요한 토지를 빼앗고 노동력을 징발했습니다.

러일전쟁이 발발하다

1904년 2월 8일 일본 해군은 선전포고도 하지 않고 러시아의 해군기지가 있는 뤼순 항과 인천 바다에 정박 중인 2척의 러시아 군함을 기습 공격했습니다. 또한 육군 선발대는 인천에 상륙해 한성을 점령했습니다. 일본은 2월 10일이 되어서야 러시아에 선전포고를 했습니다.

일본군은 선전포고 전에 전투에서 승리하여 국민들을 열광시켰지만 압록강을 넘어 본격적인 전투가 시작되자 계속 고전하며 많은 사상자를 냈습니다. 1905년 1월 일본 육군은 6만 명의 사상자를 내며 뤼순을 겨우 함락하고 연이어 펑톈(지금의 선양)도 점령했습니다. 하지만 더 이상 진격할 수는 없었습니다. 이미 포탄이 바닥나고, 전비 조달도 한계에 이르

	세출 총액	총 군사비
1903년	315,969,000엔	150,910,000엔(47.76%)
1904년	822,218,000엔	672,960,000엔(81.85%)
1905년	887,937,000엔	730,580,000엔(82.28%)

일본 정부 예산과 군사비 지출

● 한일의정서는 '대한제국이 일본의 충고를 받아들이며, 일본군은 군사적으로 필요한 대한제국의 지역을 마음대로 사용할 수 있다'는 내용을 담고 있다.

증세로 고통받는 일본 서민
무거운 세금에 괴로워하는 일
본 서민을 그린 풍자화로, 그
림 왼쪽에는 집안일은 돌보지
않고 출병연극회만 여는 애국
부인회, 주식으로 돈을 번 원
로, 생각 없이 남의 말만 따르
는 국회의원의 모습을 개로
풍자했다. 오른쪽에는 고통받
는 서민과는 달리 입영환영회
에서 공짜 술을 받는 촌장, 가
짜 통조림을 만들어 막대한
이익을 거둔 상인, 매일 밤 승
리를 축하하는 연회를 여는
지방 관리의 모습이 그려져
있다.

렀기 때문입니다.

러일전쟁으로 일본이 소비한 전쟁 비용은 18억 엔이 넘었습니다. 그중 8억 엔은 영국과 미국이 지원해준 외국채로 조달했고, 나머지 10억 엔은 국채 발행(6억 7천만 엔)과 세금으로 충당했습니다. 일본 정부는 소득세와 주세, 설탕 소비세와 같이 주로 개인이 부담해야 할 세금을 올렸습니다. 또한 공무원과 경찰관이 집집마다 방문해 국채 매입을 반강제적으로 '권유'했기 때문에 사람들은 어쩔 수 없이 국채를 구입했습니다. 이처럼 국민이 감당해야 할 전쟁 비용이 나날이 늘어 한계에 이르렀습니다. 또한 일본이 동원한 병사는 약 109만 명이었는데, 적어도 22만 명 이상의 병사가 죽거나 다쳤습니다.

1905년 5월, 일본 해군은 쓰시마 동쪽 해상에서 러시아의 발틱함대를 격파했습니다. 하지만 재정 문제와 대규모 인명 피해로 인해 이미 전쟁 수행이 어려워진 일본은 이 승리를 계기로 러시아와 강화(講和, 전쟁을 종결하고 평화로운 관계를 회복하는 것)를 하려 했습니다. 러시아도 자국 내 혁명운동이 격해져 전쟁을 끝내야 할 상황이었습니다. 한편, 미국과 영국은 동아시아에서 러시아나 일본이 일방적으로 패권을 차지하는 것을 원하지 않았습니다.

일본과 러시아, 포츠머스조약을 체결하다

1905년 6월, 미국 대통령의 중재로 미국 포츠머스에서 일본과 러시아의 강화회의가 열렸습니다. 협상 과정에 어려움은 있었지만 석 달 후인 9월 양국 대표 사이에 강화조약이 조인되었습니다.

이 조약에서 러시아는 일본이 한국을 보호국●으로 삼는 것을 인정했습니다. 그리고 청에게서 받은 뤼순·다롄 지역 조차권과, 창춘-뤼순 간 철도 부설권을 일본에게 넘겨주었습니다. 또한 사할린 남부를 일본에게 할양했습니다.

그러나 일본 내부에서는 강화를 반대하는 목소리가 높았습니다. 많은 전사자를 내고 무거운 세금 부담을 참아왔음에도 배상금을 받을 수 없는 데다 사할린 남부밖에 얻지 못한다는 사실에 불만을 품었습니다. 강화조약에 조인하던 날, 도쿄 히비야 공원에서 열린 강화 반대 국민대회가 폭동으로 변하자 결국 정부는 계엄령을 선포하여 진압했습니다(히비야 폭동 사건, 1905년).

● 일본은 군사력을 앞세워 외교권을 빼앗고 내정을 간섭하며 이를 한국에 대한 보호라 일컬었다.

포츠머스 강화협상 양국 대표단의 가운데 앉은 사람이 일본 외상 고무라 주타로와 러시아 재무장관 세르게이 비테다.

러일전쟁의 최대 피해자는 대한제국이었습니다. 전쟁 당사자가 아니었음에도 대한제국은 전리품처럼 취급되어 국제적 승인 아래 일본의 보호국이 되어버렸습니다. 한편, 전쟁에 승리한 일본은 러시아를 대신해 한반도와 만주의 권익을 획득함으로써 스스로 아시아의 맹주가 되었다고 자인했습니다. 일본은 대외 정책의 기본 방침을 권익의 지속적인 확대로 정하고 군비 확장에 더욱 기세를 올렸습니다.

4. 러일전쟁으로 고통받는 사람들

다시 전쟁터가 된 대한제국

러일전쟁 발발 후 러시아와 일본 군대가 대한제국 영토 안으로 들어와 전투를 벌이자 대한제국은 또다시 전쟁터가 되었습니다. 한국인은 피란을 떠나야 했고, 약탈과 징발의 고통을 겪었습니다. 적국에 정보를 준 스파이로 몰려 처벌되는 경우도 종종 있었습니다. 또한 러시아 군인이 한국인과 일본인을 구별하지 못해 상투를 자른 한국인을 일본 군인으로 오인해 살해하기도 했습니다. 한반도 북부(함경도) 지역은 러시아 세력의 근거지라는 이유로 일본군이 직접 통치했습니다.

대한제국에 들어온 일본군은 자국 군대가 주둔한 한성의 용산이나 평양, 대구 등지에 장기적인 사용을 목적으로 군인 숙사와 창고, 사격 훈련장 등을 튼튼하게 만들었습니다. 한국인들은 일본 군대의 부지로 사용될 약 2천만 평(6,600만 제곱미터)의 토지를 헐값으로 팔아야만 했습니다. 또한 일본군 기지를 만드는 공사에 수십만 명의 한국인이 동원되었으나, 하루 임금은 한 끼 밥값에도 미치지 못했습니다.

대구에 주둔한 일본군 보병 제80연대의 정문 일본군은 러일전쟁 때부터 한반도에 영구적으로 주둔할 수 있는 부대를 건설했다. 대구 봉덕동에 세워진 일본군 부대는 이후 일본군 보병 제80연대가 되었고, 1945년 이후에는 미군기지로 사용되고 있다.

전쟁으로 희생된 수많은 생명

러일전쟁에 대량 살상 무기인 대포와 기관총이 동원되면서 많은 사상자가 발생했습니다. 양군 합쳐 200만 명 넘게 동원되었는데, 사망자가 12만 명이 넘고 사상자까지 합치면 50만 명에 이르렀습니다. 병사 4명당 1명이 목숨을 잃거나 다친 셈입니다.

일본은 전쟁 중 현역병만으로는 전쟁 수행이 어렵게 되자 병역을 마친 예비역을 대거 동원했습니다. 전쟁이 격렬해지자 10년 전 청일전쟁에 참가했던 30대 후반의 예비역까지 동원했습니다. 그중 약 8만 3천 명은 두 번 다시 고향을 볼 수 없었습니다. 그리고 약 39만 명은 질병과 부상으로 입원했습니다. 병사들 가운데는 귀국했지만 몸을 많이 다쳐 이전처럼 일할 수 없는 사람도 많았습니다.

또한 전쟁터였던 대한제국과 청에서는 병사뿐 아니라 수많은 일반인이 목숨을 잃었습니다.

전쟁에 동원된 일본 국민

러일전쟁 중 일본 시·읍·면의 관공서는 모든 주민이 전쟁에 협력하도록 다양한 조치를 취했습니다. 관공서가 중심이 되어 병사를 전쟁터로 보내는 환송 행사를 치르고 병사를 위문하는 금품을 모집했습니다. 전사자의 장례식이나 전승 축하 행사와 귀국한 병사들의 개선식도 성대하게 치렀습니다. 아들이 동원되어 수입이 없어진 가정에는 원조금을 지급하거나 원조 단체를 조직하여 일거리를 소개해주기도 했습니다. 특히 농촌에서는 전사자 가정의 농사일을 다른 집이나 마을에서 분담하도록 했습니다. 관에서 시행한 이런 활동의 목적은 어디까지나 '충군애국'의 국민 의식을 높이고, 병력 동원이 원활하도록 하기 위함이었습니다.

1890년 일본 정부는 "국가에 어려움이 있으면, 국가를 위해 모든 힘을 바쳐라"라는 정신이 담긴 '교육칙어'를 발표했습니다. 교육 목표는 국가, 곧 덴노를 위해서는 목숨도 아까워하지 않는 마음을 기르는 것이었습니다. 모든

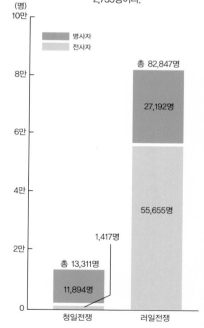

청일전쟁과 러일전쟁의 일본군 전사자 비교 근대 시기에 발발한 전쟁에서는 불량한 위생상태와 비타민 등 영양부족으로 인해 병사자가 많았다. 청일전쟁 때는 전쟁 자체보다 이러한 원인으로 병사자가 다수를 차지했다. 러일전쟁의 전사자 수는 청일전쟁의 40배에 달했으니 이 전쟁의 규모가 얼마나 컸는지 짐작할 수 있다. 참고로 히로시마 현의 청일전쟁과 러일전쟁 동원자는 각각 5,294명, 10,871명이며, 전몰자는 각각 483명과 2,735명이다.

승전군을 환영하는 일본인들 러시아와의 해전에서 승리한 일본군의 개선식이 도쿄 히비야 공원에서 열렸다. 이 행사에는 일반인뿐 아니라 1만 5,000여 명의 소학교 학생도 참가했다.

학교에서 덴노와 황후의 사진에 대한 경례와 교육칙어 낭독이 이어졌습니다. 1903년 일본 문부성에서는 국정 교과서를 제작해 전국의 소학교에서 일률적으로 사용하도록 했습니다.

'국가에 봉사하는 인간을 육성'하는 데 중점을 둔 교육으로 인해 '전쟁을 긍정하고, 전쟁 수행을 위한 희생은 참는 것이 미덕'이라는 국민 의식이 확산되었습니다. 소집 영장을 받은 아버지가 자신이 전쟁터로 떠난 뒤 혼자 남겨질 세 살배기 딸을 걱정하다 결국 딸을 죽인 사건도 있었습니다. 그런데 구마모토 현의 기록에는 이 사건을 "상식을 벗어난 행동이지만, 나라에 이바지하려는 그 마음은 매우 강하다"라며 미담으로 소개하고 있습니다.

일본 사람들은 생활의 모든 면에서 전쟁을 위한 인내와 봉사를 강요당했습니다. 특히 군수 공장에서 일하는 노동자는 장시간 노동을 강요당했습니다. 1904년(메이지 37년) 2월 14일자 《헤이민신문》은 히로시마 현 구레 시 해군 공장의 상황을 다음과 같이 보도했습니다.

"시간이 없다면서 우리 노동자들에게는 단지 3시간의 수면만 허용되었다. 그리고 2주간 휴일도 없이 일했다. 그 때문에 6명의 노동자가 공장 안에서 즉사했다."

이렇듯 당시 노동자에게는 위험한 작업을 안전을 무시한 채 철야로 강행하는 일이 일상이었습니다.

일본의 농촌에서는 젊은이들이 전쟁터에 동원되는 바람에 농사지을 일손이 부족했습니다. 동북 지방의 농촌에서는 젊은이뿐 아니라 농사에 필요한 말까지 식용과 군마로 징발되었습니다. 그 때문에 전쟁이 끝난 뒤에도 농사를 제대로 지을 수 없어, 논밭은 황폐해졌습니다. 게다가 1905년에는 기상이변까지 닥쳐 쌀 수확량이 전년도의 절반에도 미치지 못하는 대흉작이었습니다. 사람들은 평상시에는 먹지 않는 나무 열매와 풀잎을 먹었으며, 먹을 것을 마련하기 위해 팔 수 있는 것은 모두 팔았습니다. 마지막에는 마을을 버리고 홋카이도나 도쿄로 흘러갔습니다. 도쿄의 우에노 역에는 이렇게 상경한 실업자가 넘쳐났습니다.

청일·러일 전쟁에 대한 일본인의 인식

1894년 일본이 청에 선전포고를 했을 때, 많은 일본인은 '청과 싸워서 이길 수 있을까?'라며 불안해했습니다. 그런데 평양에서의 전투와 황해 해전에서 이겼다는 기사가 보도되자 사람들은 승리에 취해 야단법석을 떨었습니다. 신문사는 특파원을 계속 파견했고, 전쟁 상황을 삽화로 그려 자세히 전했습니다. 그림으로 전쟁 상황을 알려주는 잡지가 출판되었을 뿐 아니라, 전쟁의 승리를 담은 연극까지 공연되었습니다. 전쟁이 시작되자 정당은 정부에 대한 비판을 중지하고, 2억 엔에 달하는 전쟁 비용을 승인했습니다.

후쿠자와 유키치는 전쟁을 시작하기 전부터 청과의 전쟁을 지지했습니다. 그는 자신이 창간한 《지지신보》에서 청일전쟁을 '문명의 입장에선 일본이 야만스런 청과 관계를 끊고 조선을 문명국으로 바꾸기 위한 전쟁'이라고 언급하며 '문명과 야만과의 전쟁'이라고 주장했습니다. 나아가 자발적인 군사 헌금을 호소하며 자신도 1만 엔*이란 거액을 헌금했습니다.

우치무라 간조는 청일전쟁 당시 영어로 〈청일전쟁의 의로움〉이라는

* 지금의 돈으로 환산하면 약 6천 4백만 엔(8억 6천만 원)에 해당한다.

우치무라 간조(왼쪽)와 고토쿠 슈스이(오른쪽) 우치무라 간조는 일본제국주의에 반대하고 일본 크리스트교의 자주성을 주장한 종교사상가로, 일본의 지식인뿐 아니라 우리나라 지식인에게도 많은 영향을 미쳤다.

● 1892년 창간된 일본 신문 《요로즈초호(万朝報)》는 권력자의 스캔들을 다루어 인기를 얻었는데, 1900년에는 도쿄에서 발행부수가 가장 많았다.

글을 지어 전쟁의 목적이 정당하다고 전 세계에 호소했습니다. 그러나 청일전쟁이 영토 약탈 전쟁이었다는 사실을 알고 난 뒤 러일전쟁이 발발하자 전쟁을 강력하게 반대했습니다.

한편, 러일전쟁 전에 유력 정치가 모임인 대 러시아 동지회와 도쿄제국대학 교수들은 러시아와의 전쟁이 불가피하다고 주장했습니다. 이제는 신문 가운데서 유일하게 전쟁 반대를 주장하던 《요로즈초호》●까지도 주전론을 펼쳤습니다. 그러나 《요로즈초호》의 기자였던 고토쿠 슈스이와 사카이 도시히코는 끝까지 전쟁 반대를 주장하며 신문사를 그만두고 나와 주간지인 《헤이민신문》을 창간했습니다. 고토쿠 슈스이는 논설 〈오호라! 세금 인상〉에서 "정부는 전쟁 때문이라는 한마디로 의회·정당을 이용하여 세금을 인상했고, 이로 인해 얼마나 많은 국민이 고통을 받고 있는가! 국민의 행복과 진보에 공헌하지 않는 정부는 필요없다!"(《헤이민신문》 제20호, 1904년 3월)라며 정부를 통렬하게 비판했습니다. 이 때문에 제20호는 발행 금지 처분을 받았습니다.

전쟁이 시작되자 일본 내 대부분의 신문과 잡지는 일방적으로 전투의 승리만을 보도하며 전쟁 열기를 부채질했습니다. 그 속에서 전쟁을 반대하는 목소리는 묻혀버렸고, 여론을 전쟁 반대로 돌아서게 할 수도 없었습니다.

● 전쟁을 반대하고 생명을 중시한 일본의 시인

'나라를 위해 개인의 생명을 비롯한 모든 것을 바쳐 봉사하지 않으면 안 된다'라는 여론에 의문을 품은 여성이 있었습니다. 시인인 요사노 아키코입니다. 그녀는 전쟁 중에 〈그대여, 죽지 말지어다〉라는 제목의 시를 발표했습니다. 그러자 저명한 평론가는 "전쟁을 반대하는 시이다. 이것은 교육칙어와 선전조칙(덴노의 전쟁 선언)의 정신을 부정하는 것이다"라며 비난했습니다. 이에 대해 요사노 아키코는 "시는 진실한 마음을 노래합니다. 사람들이 전쟁터로 나가는 자신의 형제와 아들에게 '무사히 돌아오라, 조심하라'고 말하는 것은 내가 표현한 '그대여, 죽지 말지어다'와 같은 것입니다. 모두 진실한 소리이자 마음입니다"라며 생명을 중시하는 반론을 펼쳤습니다.

〈그대여, 죽지 말지어다〉
　— 뤼순 항을 포위 공격하고 있는 동생을 안타까워하며

아, 나의 동생이여 그대를 위해 눈물 흘린다

그대여, 죽지 말지어다

막내로 태어난 그대이기에

부모의 애정은 많이 받았을 테지만

부모는 칼을 쥐어주며

다른 이를 죽이라고 가르쳤더냐

다른 이를 죽이고 자신도 죽으라고

그렇게 스물네 살까지 키웠더냐

(후략)

요사노 아키코(1878~1942)

5. 침략을 위해 서두른 철도 건설

한반도에서 만주까지 이어진 철로

대한제국을 거쳐 만주까지 침략하려는 일본에게 대한제국에 철도를 건설하는 일은 가장 중요한 시책이었습니다. 일본 기업가는 대한제국과 만주에서 이루어질 상품 판매와 식량 수입, 일본인 이민을 위한 동맥으로서 철도를 인식하고 있었습니다. 청일전쟁 때 물자와 병력을 수송하는데 어려움을 겪었던 일본 군부는 대외 전쟁을 수행할 때 가장 시급한 사안이 대한제국에 철도를 건설하는 일이라고 주장했습니다. 이와 같은 정치·경제·군사적 목적으로 일본은 부산에서 한성을 거쳐 신의주까지 연결되는 철도를 건설하여 관리하려고 했습니다.

〈조선관광지략도〉 식민지 시기의 철도 관광 노선도로, 한반도를 경유해 만주로 이어지는 철도 노선을 살펴볼 수 있다.

만주와 대한제국을 눈여겨보던 러시아는 중국에게서 철도 부설권을 얻어 만주를 횡단하는 둥칭철도(지금의 하얼빈철도)를 1901년에 개통했습니다. 여기에 대항하기 위해 일본은 부산에서 신의주까지 연결하는 철도 건설을 서둘렀습니다. 일본은 이미 대한제국이 부지를 측량하고 있던 경의선(한성-신의주)을 군용철도로 이용하기로 결정하고, 러일전쟁이 일어나자 곧바로 대한제국 정부로부터 건설권을 빼앗았습니다. 러일전쟁 중이었지만 군인까지 동원하면서 공사를 서둘러 1905년에는 경부선(한성-부산)을, 1906년에는 경의선을 완공했습니다. 그러나 철도 개통을 서두르다 보니 완공 후 운행에 문제가 많이 생겼습니다. 이후 10여 년 동안 전면적인 개량 공사가 계속되었습니다.

일본은 러일전쟁에서 승리하여 남만주철도까지 손

에 넣음으로써 일본에서 대한제국을 거쳐 만주까지 사람과 물자를 신속하게 수송할 수 있는 교통망을 확보했습니다. 이로써 일본은 만주와 중국 본토를 침략할 기반을 갖추었습니다.

강제로 징발한 노동력과 토지

일본은 철도를 건설하기 위해 필요한 노동력을 대부분 현지에서 조달했습니다. 철도 건설을 서두른 일본은 처음에는 모집이라는 형태를 취했지만 의도한 대로 사람이 모이지 않자 곧바로 강제적인 징발로 방법을 바꾸었습니다. 일본이 대한제국 관리에게 필요한 인원수를 요구하면 관리는 마을마다 적당한 인원수를 할당했고, 일본 헌병과 경찰이 농민을 징발했습니다. 모내기철과 추수철같이 농사일이 바쁜 시기에도 징발은 계속되었습니다.

경부선과 경의선을 합쳐 약 1천 킬로미터에 이르는 구간에 철도를 건설하는 데 2천만 평이 넘는 토지가 사용되었습니다. 일본은 토지 소유자에게는 반강제로 토지를 내놓도록 했습니다. 보상금액도 턱없이 낮았는데 이마저도 제대로 지불되지 않았습니다. 두 노선의 철도 공사에는 연인원 1억여 명의 노동력이 동원되었지만, 징발된 사람들은 밥값에도 못 미치는 낮은 임금을 받았습니다.

일본은 철도역을 건설하기 위해 부지를 마련할 때에도 필요 이상의 넓은 터를 차지했습니다. 철도역 부지에 철도 업무뿐 아니라 상업용·군사용 시설과 주택까지 지어 일본인이 집단으로 생활할 수 있도록 한 것입니다. 대구역을 지을 때도 처음에는 20만 평을 요구했다가 대구 사람들이 대대적으로 반대하여 대폭 줄였습니다. 그런데도 약 3만 평(10만 제곱미터)이라는 광대한 땅을 일본에게 빼앗겼습니다.

철도 공사 지역에서는 주민과 노동자들이 토지와 노동력의 강제 징발

● 연인원 30만 명을 동원한 옛 성현터널

대구역에서 경부선 열차를 타고 부산 방면으로 20분가량 가다 보면, 1923년에 완성된 성현터널(전체 길이 2.3킬로미터)을 통과합니다. 현재의 터널 위쪽에는 1904년에 만들어진 옛 성현터널(전체 길이 1.2킬로미터)이 있습니다. 이제는 열차가 다니지 않는 대신 이 지방에서 생산한 감 와인을 숙성시키는 저장고로 사용되고 있습니다.

옛 성현터널은 지대가 높아서 철로를 놓을 때 스위치백 방식(경사면에 철로를 지그재그로 설치하여 오르는 방식)을 이용했습니다. 당시 경부선에서 가장 긴 터널로 공사가 무척 어려웠습니다. 20년밖에 사용되지 않았지만 천장과 벽은 붉은 벽돌로, 돌담은 화강암으로 쌓아 100년을 넘긴 지금도 견고하게 남아 있습니다. 터널 입구 머릿돌에는 큰 글씨로 '대천성공(代天成功, 하늘을 대신해 공을 이룬다)'이라고 적혀 있고, 작은 글씨로 '메이지 37년 육군 중장 데라우치 마사타케'라고 새겨져 있습니다. 데라우치는 1904년에 일본 육군 대신으로 러일전쟁을 지휘했는데, 육군을 동원하여 경부선 철도를 완성했기 때문에 그의 이름을 남겼던 것입니다. 그 뒤 그는 1910년에 조선 통감이 되어 대한제국을 병합했으며, 초대 조선 총독을 역임한 후 1916년에 일본 총리가 되었습니다.

옛 성현터널 공사에는 75일간 매일 4천 명씩 총 30만 명 가까운 지역 농민이 동원되었습니다. 노동력이 급히 더 필요할 때는 지나가는 사람들을 잡아 강제로 일을 시켰습니다. 밤에도 일을 시키는 등 가혹한 노동조건 때문에 노동자들은 집단으로 저항하거나 도망쳤습니다. 도망을 막고 작업을 감시하기 위해 공사 현장에는 일본군 1개 소대(40~50명)가 상주했습니다. 이와 같이 옛 성현터널은 조선인의 피와 땀으로 만들어진 것입니다.

성현터널 공사 현장

옛 성현터널 입구에 남아 있는 대천성공 머릿돌

에 저항하여 종종 폭동을 일으켰습니다. 한편, 의병은 선로와 전신선을 일본 침략의 상징으로 보고 공격 대상으로 삼았습니다. 그리하여 철도역 건물, 선로, 전신선에 대한 공격과 파괴가 끊이지 않자 일본군은 의병 토벌에 나서기도 했습니다. 러일전쟁에서 일본군의 상대는 러시아 군대만이 아니었습니다.

6. 국권을 빼앗긴 대한제국

강압적으로 체결된 을사조약

러일전쟁 후, 미국과 일본은 '미국이 필리핀을, 일본이 대한제국을 지배하는 것을 서로 인정한다'라는 밀약을 맺었습니다(가쓰라-테프트 밀약, 1905년 7월). 이어 일본은 영국의 인도 지배를 인정하는 대신 영국으로부터 한국 지배를 인정받았습니다(제2차 영일동맹, 1905년 8월). 또한 러시아와도 포츠머스조약(1905년 9월)을 통해 '일본이 대한제국을 보호국으로 삼는 것을 인정한다'라고 서로 확인했습니다. 이러한 국제적 승인 아래 일본 정부는 대한제국을 보호국으로 삼기 위해 이토 히로부미를 한성에 파견했습니다.

1905년 11월 한성에 도착한 이토는 일본 공사 및 일본군 사령관과 함께 한국 대신들을 회유·협박하는 공작을 벌이는 한편, 고종을 만나 보호조약의 승인을 강요했습니다.

> **이토** : 지금 중요한 것은 오직 폐하의 결심 여하에 달려 있습니다. 이것을 승낙하든 거부하든 그것은 폐하의 마음이겠지만, 만약 거부할 경우 제국 정부는 이미 결심한 바가 있어 그 결과는 아마 귀국의 지위는

조약을 체결함보다 더 곤란한 상황에 처할 것이고, 더한 불이익을 당하는 결과를 각오하지 않으면 안 될 것입니다.

고종 : 일이 중대하여 짐이 혼자서 이를 결정할 수 없다. 짐이 정부 신료에게 자문하고, 또 일반 인민의 의향도 살피는 것이 필요하다.

이토 : 폐하는 책임을 정부에 돌리고, 정부 또한 그 책임을 폐하에게 돌리고 군신이 서로 책임을 피해 양보하니 이는 짐짓 결정을 지연시키려는 의도로, 귀국에 손해가 될 뿐 이익되는 바가 없음을 기억해야 할 것입니다.

—《일한외교자료집성》중에서

고종이 순순히 응하지 않자 11월 17일 완전무장한 일본군이 궁궐을 포위한 가운데 대신회의가 열렸습니다. 긴박한 분위기 속에서 시작된 회의는 밤늦게까지 계속되었지만 결론을 내릴 수 없었습니다.

을사조약 체결 당시 경운궁 대안문 앞 이토 히로부미가 을사조약 체결을 강요한 곳은 경운궁 중명전이다. 당시 경운궁 정문인 대안문(지금의 대한문) 앞에 도열한 일본군과 삼삼오오 모여 있는 조선인의 모습이 보인다.

회의에서 내각을 이끌었던 한규설이 강력하게 항의하자 그를 옆방에 감금하고, 이토는 한 사람씩 별실로 불러들여 조약안에 대한 찬반을 분명히 하라고 강요했습니다. 그는 찬성·반대를 명확하게 밝히지 않은 대신의 의견까지 찬성이라고 간주하여, 8명 중 5명이 찬성했다고 결론을 내렸습니다. 이토는 이것을 근거로 삼아 양국의 합의로 조약이 성립되었다며, 대한제국의 외부대신과 주한 일본 공사가 양국 대표로서 서명한 조인서를 만들었습니다. 이렇게 1905년 11월 18일 새벽 1시, 강요에 의해 조약이 체결되었습니다(을사조약).

을사조약을 반대한 목소리

조약이 체결되자 가장 먼저 《황성신문》은 체결 과정을 상세하게 보도했습니다. 1905년 11월 20일,

장지연이 쓴 논설 〈시일야방성대곡〉

장지연은 〈시일야방성대곡(是日也放聲大哭, 이날을 목 놓아 통곡하노라)〉이라는 논설에서 "우리 2천만 동포여, 노예된 동포여, 살았는가 죽었는가?"라며 민중에게 저항하자고 호소했습니다. 조약 반대와 무효를 주장하는 목소리는 전국 각지로 퍼져갔습니다. 모든 계층의 사람들이 거리로 나와 "을사오적*을 처단하고 조약을 파기하라"며 큰소리로 외쳤습니다. 상인들은 가게를 닫고 학생들은 동맹 휴학을 하며 일본의 침략 행위에 저항했습니다.

　고종은 "총칼의 위협과 강요 아래 체결된 이른바 보호조약이 무효임을 선언한다"라며 조약의 부당성을 세계 각국에 알리는 한편, 전 국민에게 저항할 것을 호소했습니다. 유학자 최익현은 "오적의 머리를 베어 나라를 팔아먹은 죄를 바로잡고, 일본 공관에 공문을 보내 강요된 조약은 거짓 조약임을 밝혀 말소하라"라는 내용으로 상소를 올렸습니다. 고종의 경호 책임자였던 민영환은 "한번 죽음으로써 황제의 은혜에 보답하고 우리 이천만 동포형제들에게 사죄하고자 한다"라는 유서를 남기고 자결했습니다. 일본을 총칼로써 당장 몰아내자는 의병이 조직되었고, 국권을 회복하기 위한 힘을 기르려는 운동도 일어났습니다.

* 을사조약 승인에 찬성한 박제순(외부대신), 이지용(내부대신), 이근택(군부대신), 이완용(학부대신), 권중현(농상부대신), 이렇게 5명의 대신을 '일본에 나라를 팔아넘긴 도적'이라는 의미로 을사오적이라 부른다.

대구 이사청 대구에는 1906년 경상감영의 중심 건물인 선화당에 설치되었다.

"제1조, 일본의 외무성이 대한제국의 대외 관계 사무를 지휘 감독하며 (중략) 제3조, 일본이 대한제국의 외교권을 대행하기 위하여 대한제국에 일본인 통감을 둔다"라는 내용의 을사조약으로 대한제국은 일본에게 외교권을 빼앗겼습니다. 대한제국에 설치된 각국 공사관은 철수했고, 해외에 설치된 대한제국 공사관은 폐쇄되었습니다.

일본 정부는 대한제국에 통감부를 설치하고 이토 히로부미를 초대 통감에 임명했습니다. 조약에 따르면, 통감은 일본 정부의 대표자로서 대한제국의 황제 아래에 위치하여 대한제국의 외교에 관한 사항만을 관할하게 되어 있습니다. 그러나 이토는 통감 관사에 대한제국 정부 대신들을 수시로 불러 회의를 열고 이를 주재하며 사실상 대한제국의 내정을 총지휘했습니다.

일본은 통감부를 설치한 후 한성과 대구를 비롯한 전국 13개 주요 지역에 이사청을 설치했습니다. 이사청은 한국에 거주하는 일본인들의 권익을 지키고 경제 활동을 보호하기 위한 목적으로 개설된 지방 기관이었습니다. 그러나 실질적으로는 통감부의 지시를 전국 각 지역에서 실행하면서 지방 행정을 장악하는 것이 목적이었습니다. 이사청의 관리는 일본 군대를 동원하거나 한국인에게 벌금을 부과할 수 있었습니다. 그리하여 이사청에 소속된 일본인들은 한국인들에게 대단한 위세를 부렸습니다.

◉ 을사조약을 보는 한국과 일본의 입장

을사조약 조약문의 첫 번째 줄에는 당연히 기입되어 있어야 할 조약의 명칭이 보이지 않습니다. 문제는 이것뿐만이 아닙니다. 통상적으로 조약이 성립되기 위해서는 위임, 조인, 비준의 절차를 거쳐야 합니다. 그러나 을사조약이 체결되는 과정에서는 이 모든 절차가 생략되었습니다. 고종 황제는 외부대신에게 조약 체결권을 위임하지 않았습니다. 그리고 조약의 조인 과정은 일본이 무장한 군대를 배치하고 외부대신의 직인을 강제로 빼앗아 찍었습니다. 더욱이 고종은 끝까지 조약안을 거부하여 서명하지 않았습니다. 그래서 현재 한국에서는 조약이 체결된 시점부터 지금까지 이 조약이 불법이며 무효라고 주장합니다.

한편, 일본에서는 을사조약을 1904년 제1차 한일협약(공식 명칭은 '한일 외국인 고문 용빙에 관한 협정서')의 연장으로 보아 '제2차 한일협약'이라 부릅니다. 협약은 정식 조약과 달리 양국 주무 대신의 합의와 서명만으로도 효력을 지닐 수 있습니다. 이것을 근거로 삼아 일본에서는 이 협약이 합법적이며 유효하다고 주장합니다. 그러나 이 조약이 협약이라 하더라도 일본의 협박과 강제에 의해 성립된 것이라는 점은 부정할 수 없는 사실입니다.

또한, 을사조약에는 대한제국이 다른 나라와 조약을 맺을 때 일본 외무성을 통해서만 할 수 있다는 외교권 박탈에 관한 내용이 들어 있습니다. 이렇듯 중요한 내용이라면 협약이 아닌 정식 조약의 형식과 절차를 밟아야만 합니다. 그러나 일본은 정식 조약 대신에 협약이란 이름으로 외부대신의 서명을 강요했고, 최종적으로는 명칭도 넣지 않았습니다.

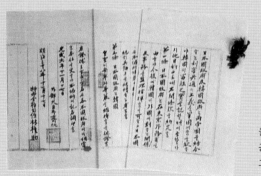

을사조약 원문   대한제국의 외부대신과 주한 일본 공사의 도장만 찍혀 있을 뿐 양국 최고 통수권자인 고종 황제와 덴노의 날인이 없다.

● 대한제국의 마지막 외교 사절단, 헤이그 특사

네덜란드의 헤이그 시 교외에는 대한제국의 마지막 외교 사절단 가운데 한 사람인 이준의 흉상과 묘비가 있습니다. 그는 왜 멀고 먼 남의 나라에 묻혔을까요?

고종은 을사조약이 무효임을 국제사회에 알리기 위해 1907년 이준, 이상설, 이위종을 비밀리에 만국평화회의가 열리는 헤이그에 파견했습니다. 그들은 일본의 침략 행위와 한국의 입장을 적은 선언서를 의장과 각국 대표에게 보내는 등 한국의 상황을 알리려 노력했습니다. 이들은 각국 신문기자단이 모인 회의에서 '조선을 위해 호소한다'라는 연설을 했습니다. 각국 기자들은 '한국을 돕자'는 결의를 만장일치로 채택했습니다. 그러나 일본의 방해 공작과 일본을 지지하는 미국과 유럽 여러 나라에 의해 특사 일행은 평화회의에 참가하지 못했습니다.

결국 특사들은 나라의 붕괴를 눈앞에 두고 절망과 실의에 빠졌고, 이준은 병을 앓다가 그곳에서 죽음을 맞았습니다. 당시 이준의 시신을 한국으로 옮기기 위해서는 일본 영사의 허가가 필요했습니다. 그러나 일본 영사는 끝내 허가증에 서명하지 않았습니다. 일행은 어쩔 수 없이 이준을 이국의 땅에 묻어야 했습니다.

한편, 일본은 헤이그 특사 파견을 구실 삼아 침략에 방해가 되는 고종을 군대로 위협해 강제로 퇴위시켰습니다. 1907년 7월 경운궁에서는 황제의 자리를 물려주는 고종도 물려받는 순종도 참가하지 않은 채, 관리 두 사람이 신구 황제의 역할을 대신 맡아 양위식을 치렀습니다.

헤이그 특사에 대한 기사가 실린 네달란드 신문 사진 속 인물은 맨 왼쪽부터 이준, 이상설, 이위종이다.

3장

조선, 일본의 침략에 맞서 싸우다

1. 일본에 맞선 동학농민군

대규모 학살로 끝난 동학농민군의 봉기

1894년에 '척양척왜(斥洋斥倭, 서양과 일본을 물리침), 보국안민(輔國安民, 나라를 살려 백성의 생활을 편안케 함)'의 기치 아래 봉기한 동학농민군은 처음부터 침략 세력인 서양과 일본을 물리쳐야 한다는 점을 명확히 했습니다.

전주화약을 맺고 각 지역으로 돌아가 개혁을 추진하던 동학농민군은, 일본군이 한성을 공격하여 경복궁을 점령하고 조선에 대한 내정 간섭을 강화하자 전국 곳곳에서 일본군과 싸우기 시작했습니다. 그들은 일본 보급부대나 군대에 고용된 일본 상인을 공격하고, 일본군이 만든 전신선과 전봇대를 파괴했습니다. 경북에서는, 동학농민군이 농민군의 활동을 정찰하던 일본 병사를 살해하자 일본군이 동학농민군의 근거지를 공격하여 수백 명의 사상자를 냈습니다.

이후 일본에 대기하고 있던 예비 부대가 조선으로 출동하여 조선 정부군과 연합해 농민군을 진압하기 시작했습니다. 전봉준을 총대장으로 한 주력부대가 한성으로 가기 위해 공주로 향했습니다. 공주 우금치전투에서는 4만여 동학농민군이 6~7일간 40~50여 회에 걸쳐 죽음을 무릅쓰고 공격했습니다. 그러나 3천여 조선 정부군과 기관총 등 신식 무기로 무장한 2천여 일본군에게 패배하고 말았습니다. 히로시마의 대본영은 전국에서 떨쳐 일어선 동학농민군을 '전부 살육하라'고 명령했습니다. 이때 죽은 동학농민군의 수는 2만에서 5만 명으로 추산됩니다. 이는 뤼순·타이완 학살●과 더불어 청일전쟁 중에 일본군이 저지른 대규모 학살이었습니다.

2. 일본을 몰아내고자 일어선 의병

단발령을 계기로 일어난 초기 의병

의병이란 나라와 민족이 외국의 침략으로 위기를 맞았을 때 스스로 무기를 들고 일어나 싸운 사람들을 말합니다. 의병은 처음 안동에서 일어났는데, 이들은 1894년 일본군이 경복궁을 무력으로 점령했을 때 이에 반대해 한 달간 싸웠습니다. 1895년에는 일본의 영향 아래 있던 정부가 단발령을 발표하자 이에 반대하며 전국에서 의병 투쟁이 일어났습니다. 단발령이 발표되기 한 달 전에 일어난 을미사변으로 쌓여 있던 반일 감정이 폭발했던 것입니다.

주로 지역에서 신뢰를 얻고 있던 양반이 의병장이 되었으며, 이에 공감하는 많은 이들이 의병으로 참가하거나 군자금을 냈습니다. 의병의 수가 가장 많았던 때는 4만여 명으로, 일본군을 공격하거나 단발을 강요하

● 일본은 시모노세키조약을 통해 청에게 할양받은 타이완을 식민지로 만드는 과정에서 타이완 주민 3만 명 이상을 학살했다.

는 '왜군수'● 등을 죽이기도 했습니다. 그러나 초기 의병은 일본군과 조선 정부군이 강력하게 탄압하고, 고종이 단발령을 취소하며 해산 명령을 내리자 대부분 해산했습니다.

국권 회복을 위해 다시 일어난 의병

러일전쟁에서 승리한 일본이 을사조약을 강요하여 대한제국 침략을 가속화하자 다시 의병이 일어났습니다. 이들은 초기 의병보다 한층 격렬하게 일본에 대항하여 싸웠습니다.

　1907년 대한제국 군대는 일본에 의해 강제로 해산되었습니다. 강제 해산에 저항하며 시가전을 벌이기도 했던 대한제국 군인들이 속속 의병에 합류했습니다. 무기와 의병 수가 늘었고, 항일 의지도 더욱 높아졌습니다. 전국 1만 5천여 의병이 13도 연합 의병을 조직하고 한성 근교에 집결하여 '서울진공작전'을 펼쳤습니다. 그러나 의병은 무기나 군사 전술에서 현대식으로 무장한 일본군의 적수가 되지 못했습니다.

● 개화기에 단발을 하고 양복을 입은 조선인 지방 관리에게 '일본의 앞잡이'라는 의미로 붙였던 호칭이다.

일본에 저항한 조선 의병들
1907년 해산된 군인이 참여하면서 의병의 전력은 더욱 강화되었다. 비록 복장과 무기 등이 통일되지 않았으나 유생, 농민, 상인, 군인, 포수 등 각 계각층의 사람들이 참여해 적극적인 항일투쟁을 벌였다.

일본군 병사 1명을 죽이는 데 조선 의병 100여 명이 전사할 만큼 많은 희생자를 냈습니다.● 일본군은 의병을 도왔다는 이유만으로 마을을 불태우기도 하여 많은 민간인이 희생되었습니다. 이러한 희생에도 불구하고 호남 지역에서는 의병 투쟁이 격렬히 진행되었습니다. 그러자 일본은 호남 지역을 중심으로 대대적인 '남한 대토벌 작전'을 벌였습니다. 일본의 탄압과 한국병합으로 의병 활동이 어려워지자 대부분 만주나 연해주 지방으로 이동하여 독립운동을 전개했습니다.

● 1907년 8월부터 1911년 6월까지 의병과 일본군의 충돌은 2,852회에 달했다. 교전 의병은 14만 1,815명이었고, 그 가운데 사망자는 1만 7,779명, 부상자는 3,706명이었다. 반면 일본군의 사망자는 136명, 부상자는 277명이었다.

3. 나라의 주권을 지키기 위한 애국계몽운동

나랏빛 갚기 운동이 일어나다

국채보상운동기념비 남녀노소를 가리지 않고 성금(엽전)을 모으는 모습을 형상화한 기념비로, 대구시민회관 앞에 서 있다. 이곳은 국채보상운동의 시발점이 된 대구군민대회가 열렸던 곳이다.

의병과는 다른 방식으로 국권을 회복하려는 운동도 일어났습니다. 대한제국 정부는 일본에 거액의 빚을 지고 있었는데, 그 돈은 일본인이 많이 사는 지역의 도로와 상하수도 시설을 정비하는 데 사용되었습니다. 1907년에는 일본에 진 빚이 당시 국가 예산 1,500만 원보다 조금 적은 1,300만 원이나 되었습니다. 사람들은 이 빚(국채)이 나라의 힘을 약화시키고, 더 심해지면 나라가 완전히 일본에 넘어갈 것이라고 우려했습니다. 그래서 담배를 끊어 적은 돈이라도 모아서 국채를 갚자는 운동이 펼쳐졌습니다. 이것이 1907년 대구에서 시작된 국채보상운동입니다.

《대한매일신보》를 비롯한 당시 신문들은 이 운동을 적극 홍보했습니다. 이 운동에는 여성들도 적극 참가했습니다. 대구 남일동의 부인들은 조직을 만들어 개인이 갖고 있던 반지 등 장신구를 팔아 국채를 갚으려는 운동을 전개했으며, 이에 호응하여 전국의 여성들이 동참했습니다. 또, 야채, 술, 떡 등을 파는 서문시장의 할머니들도 앞다투어 성금을 냈습니다. 이처럼 남녀노소 구분 없이 전국에서 수많은 사람이 국채보상운동에 참가했지만 일본의 탄압으로 인해 뜻을 제대로 이루지는 못했습니다.

지식인들의 교육·계몽 운동

지식인들은 부유하고 강한 나라를 만들어 국권을 회복하자며 '대한자강회' 등을 비롯한 여러 단체를 조직하여 운동을 펼쳤습니다. 그들은 우선 학교를 세워 교육 활동에 주력했습니다. 그 결과 3천여 개의 학교를 세워 산수와 과학 등의 근대 학문과 조선 역사를 가르쳤습니다.

대구·경북 지역에도 계몽운동 단체가 활동하여 370여 개의 학교를 세웠습니다. 특히 대구의 우현서루●는 외국 서적을 다수 소장한 도서관 겸 기숙사로, 교과서도 출판했습니다.

이처럼 애국계몽운동이 활발히 일어나자 통감부는 보안법, 신문지법 등을 적용해 탄압했고, 관련 단체들을 강제로 해산했습니다. 공개적인 활동이 불가능해지자 안창호●●를 비롯한 지식인들은 1907년 비밀 조직인 '신민회'를 조직하여 교육과 계몽을 통해 민중에게 새로운 사상을 널리 알리고자 했습니다. 신민회는 국민이 함께 정치에 참여하는 공화제 국가를 건설하려고 했습니다. 그리고 의병처럼 일본과 싸워서 국권을 회복해야 한다고 생각했습니다. 그래서 많은 자금과 뜻을 같이하는 사람들을 모아 만주에 독립운동 기지를 건설하고, 독립군을 양성하기 위해 무관학교 설립을 추진했습니다.

● 우현서루(友弦書樓)는 시인이자 독립운동가인 이상화의 큰아버지 이일우가 새로운 시대를 이끌어갈 인재를 양성하기 위해 1904년에 만든 곳으로, 독립운동가 박은식, 이동휘 등이 이곳에서 공부했다.

●● 안창호는 대한제국 말기에 전국 각지를 돌며 감동적인 연설로 애국계몽운동을 펼쳤다. 그는 실력 양성을 통해 독립을 이루자고 주장하며 흥사단이라는 독립운동 단체를 조직했다.

● 동양의 평화를 주장한 안중근

1906년 봄, 28세의 청년 안중근은 평양 교외에 작은 사립학교를 열었습니다. 그는 일본에 빼앗긴 대한제국의 외교권을 되찾기 위해 전 재산을 들여 학교를 운영했습니다. 이 학교는 가난한 아이들과 배움의 기회를 놓친 어른도 공부할 수 있는 야학이었습니다. 40명 정도의 학생이 한글과 조선 역사를 공부했습니다.

그러나 자금난으로 교육 사업을 계속하기 어려워지자 안중근은 항일 무장투쟁을 벌이기 위해 1907년 8월 말, 러시아령 블라디보스토크로 망명했습니다. 작은 신문사를 거점으로 삼아 연해주 각지에 사는 한국인에게서 군자금을 모으고 동지를 규합해 1908년 대한독립의군을 조직했습니다. 첫 전투에서는 승리했지만 곧바로 일본군의 반격을 받아 대한독립의군은 뿔뿔이 흩어졌습니다. 안중근은 다시 의병을 조직했는데, 이때 모인 11명의 동지는 태극기에 '대한독립'이라는 혈서를 적었습니다.

1909년 9월, 안중근은 이토 히로부미가 시찰을 위해 만주에 온다는 정보를 얻었습니다. 이토는 대한제국의 국권을 빼앗은 주동 인물이었기에 가장 먼저 제거해야 할 원흉이었습니

유언을 남기는 안중근 안중근은 사형이 집행되기 이틀 전 프랑스인 신부와 두 동생에게 유언을 남겼다.

다. 10월 26일 이토가 특별 열차로 하얼빈에 도착하자, 군중 속에 숨어 있던 안중근은 이토를 겨냥해 권총을 발사했습니다. 이토는 열차 안으로 옮겨져 응급조치를 받았지만 곧 사망했습니다. 이토는 '대일본제국헌법'을 입안하고 내각제도를 만드는 등 당시 일본에서 영향력이 큰 정치가였습니다. 그의 죽음을 전해들은 일본인은 무척 놀라고 슬퍼했으며, 그의 장례는 일본 국장으로 치러졌습니다.

안중근은 그 자리에서 체포되어 뤼순에서 일본 형법으로 재판을 받았습니다. 안중근은 뤼순 감옥에서 〈동양평화론〉을 저술했으며, 재판 과정에서 이토 히로부미를 쏴 죽인 이유를 15개 항목으로 밝혔습니다. 그중에는 대한제국 황제를 위협해 을사조약을 강제 조인시킨 죄, 동양 평화를 어지럽힌 죄도 있었습니다. 안중근은 "이토가 동양 평화를 위해 대한제국을 보호국으로 만들었다고 주장하지만 사실은 대한제국을 식민지로 만든 것이다. 일본이 서양 열강에 의해 식민지가 되는 것을 막고 동양의 평화를 유지하려면 일본, 대한제국, 청이 각각 독립하여 연대해야만 한다. 이토를 죽이면 일본인도 이것을 알아차릴 것이다"라고 지적했습니다.

1910년 3월, 안중근의 나이 32세 되던 해에 형이 집행되었습니다. 안중근이 뤼순 감옥에 갇혀 있던 다섯 달 동안 그를 본 일본인들은 그의 인품과 조국의 독립을 위해 목숨을 바친 희생정신, 동양 평화 사상에 깊은 감명을 받았습니다.

안중근의 수결

3부

식민지 지배와
독립운동

1장

대한제국, 일본의 식민지가 되다

1. 일본의 한국병합

주도면밀하게 준비된 병합조약

일본 정부는 1909년에 '적당한 시기에 대한제국을 병합한다'는 방침을 정했습니다. 1910년 5월, 데라우치 마사타케가 통감으로 부임하여 '한국병합'을 진행했습니다. 대한제국 황제가 일본 덴노에게 통치권을 양도하는 형식이었습니다. 병합의 강제성을 감추고, 한국인의 저항과 일본에 대한 국제적인 비난을 피하려는 속셈이었습니다.

군대의 호위를 받으며 부임하는 데라우치 데라우치는 1910년 제3대 조선 통감에 임명되어 병합을 추진했고, 초대 총독을 맡아 무단통치를 감행했다.

일본이 발행한 한국병합 기념엽서 순종 황제와 메이지 덴노의 사진이 나란히 실렸다.

데라우치는 대한제국의 총리대신 이완용에게 병합조약을 받아들이라고 요구했습니다. 1910년 8월 22일, 무장한 일본군 수천 명이 궁궐을 에워싼 가운데 두 사람은 조약에 서명했습니다. 조국을 위해 싸운 많은 이들은 이미 체포되었고, 신문은 폐간되고 집회 결사도 금지된 상태였습니다. 그런데도 반대하는 목소리가 높아질 것을 두려워한 통감부는 병합 사실을 일주일 뒤에 공포했습니다.

이 조약으로 대한제국은 일본의 식민지가 되었습니다. 일본은 대한제국을 자국 영토의 일부로 삼고 '조선'이라 불렀으며, 한성 또한 경성으로 이름을 바꾸었습니다. 이 조약을 일본에서는 병합이라고 부르지만 한국에서는 강제병합이라 하고, 이후 시기를 일제강점기 또는 일본제국주의(일제) 시대라고 합니다.

병합에 대한 한국과 일본의 반응

일본의 신문들은 병합을 "조선의 바람이며, 동양 평화와 번영을 위함"이라고 보도하면서 조선 지배를 정당화했습니다. 일본에서는 사람들 대부분이 일장기를 내걸고 병합을 기뻐했습니다. 침략 전쟁에 비판적이었던 일본 내 사회주의자도 병합은 어쩔 수 없다고 생각했습니다. 그러나 시인 이시카와 다쿠보쿠는 "지도 위 / 조선국에 시커멓게 / 먹물이 칠해져, 쓸쓸한 가을바람 소리를 듣는다"라는 시를 발표해, 일본이 조선인에게 강요하고 있는 고통과 슬픔, 그리고 일본의 답답한 상황에 대한 불안과 울분을 표현했습니다.

조선에서는 병합 사실이 알려지자 많은 사람이 분노와 울분을 터뜨렸습니다. 당시 조선의 대표적인 지식인이었던 황현은 "새도 짐승도 울고, 산도 바다도 울고, 지식인은 사람 노릇하기 힘들다"라고 부르짖고는 스

◉ 한국병합을 바라보는 서로 다른 입장

1910년 체결된 병합조약과 일본이 한국을 식민지로 지배한 사실에 대한 한국과 일본의 인식은 미래 지향적인 양국 관계를 위해 매우 중요한 문제입니다. 그러나 두 나라의 인식은 무척 다릅니다.

일본 정부는 병합조약을 합법이라 보고 있습니다. 다만 식민지로 지배하며 입힌 막대한 손해와 고통에 대해서는 도의적인 책임이 있다는 입장입니다. 1995년 일본 무라야마 총리가 '깊은 반성과 유감의 뜻'을 명확히 밝힌 이래 공식적으로는 현재까지 이 입장을 유지하고 있습니다. 그러나 일부 일본인은 "한국병합은 한국에서 인정한 부분이고, 동양 평화를 위해 이루어졌으며, 결과적으로 일본이 조선을 지배하여 조선이 발전하게 되었다"라고 주장하고 있습니다.

한편, 한국에서는 식민 지배는 물론 병합조약도 불법이라고 봅니다. 대한제국 황제와 민중의 의사와 상관없이 강제로 조약이 이루어졌다는 점, 조약 문서에 황제의 서명이 없고 문서에 찍힌 인감도 나라를 대표할 때 쓰는 국새가 아니었다는 점, 조약을 맺은 일본 측 대표가 조선 통감이었는데, 통감부는 불법으로 맺은 을사조약(1905)을 통해 설치되었기 때문에 정당한 대표가 될 수 없다는 점 등을 근거로 들고 있습니다.

이렇듯 서로 다른 인식은 '과거의 조약'을 바라보는 문제만은 아닙니다. 식민지 지배의 책임과 배상을 청산하는 '현재'의 문제인 것입니다.

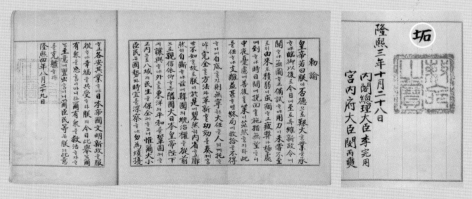

순종 황제의 수결 유무 왕을 비롯한 고위 관리가 문서의 직인 아래 직접 서명하는 것을 수결이라 한다. 병합을 알리는 칙유(왼쪽)에는 순종 황제의 수결이 없다. 대한제국의 공식 문서(오른쪽)에는 순종 황제의 이름 척(拓)이라는 서명이 있다.

매천 황현(1855~1910)

스로 목숨을 끊어 항거했습니다. 학자뿐 아니라 의병장, 관리 등 수십 명이 몸을 던졌습니다. 그리고 많은 조선인이 독립운동을 하기 위해 비밀 결사를 조직하거나 해외로 망명했습니다.

2. 일본의 식민지 지배 정책

조선총독부의 무단통치

일본은 조선을 식민지로 지배하기 위해 조선총독부를 두었습니다. 조선 총독부의 최고 권력자인 총독은 입법권, 사법권, 행정권, 군대통수권 등 식민지 통치의 모든 권한을 가졌습니다. 조선 총독은 일본의 육군이나 해군 대장이 맡았는데, 덴노 직속이어서 일본 정부와 의회의 간섭을 받지 않았습니다.

한편, 일본은 조선인의 저항을 무력으로 탄압하기 위해 병력 2개 사단 (1개 사단은 약 1만 2천 명)을 상주시켰습니다. 그리고 전국에 약 1만 6천

조선에 주둔한 일본 헌병과 경찰　함경북도 경무부(경찰서)와 헌병대 본부 간판이 나란히 걸려 있다. 검은 제복을 입은 경찰과 군복을 입은 헌병이 함께 조선인을 단속했음을 알 수 있다.

명의 헌병을 배치하여 헌병경찰제도를 실시했습니다. 군대의 경찰 역할을 하는 헌병이 일반 경찰을 지휘하며, 경찰 업무뿐 아니라 호적 관리나 세금 징수, 위생 관리 등 민간의 일상생활에까지 간여했습니다. 그 가운데서 가장 중요한 임무는 조선인의 항일운동을 감시하고 단속하는 것이었습니다. 또한 헌병경찰은 재판도 거치지 않고 조선인에게 형벌을 내리고 심지어는 태형도 부활시켰습니다.

그리고 관리는 물론 교원들까지 의무적으로 제복을 입고 칼을 찼는데, 이러한 제도는 일본에서도 시행된 적이 없었습니다. 이처럼 조선인을 총칼로 위협해 지배한 통치를 '무단통치'라고 합니다.

식민지 재정 증대를 꾀한 토지조사사업

조선총독부는 1910년부터 1918년까지 토지조사사업을 실시했습니다. 토지의 소유자, 가격, 모양과 면적을 조사하는 사업이었습니다. 조선총독부는 조사 내용을 공문서로 만들어 소유권을 법적으로 명확히 하고 세금을 정확히 징수하기 위해 토지조사사업을 실시한다고 밝혔습니다.

토지조사사업 1911년 4월 원산 지방의 토지 조사를 위해 이동하는 일본인 토목기사들과 측량기구를 지게에 짊어진 조선인 노무자들의 모습이다.

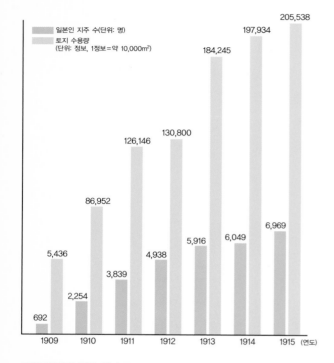

토지조사사업 전후 시기 조선의 일본인 지주 수와 이들이 확보한 토지 면적 (1909~1915)

● 동양척식주식회사는 일본이 조선의 토지와 자원을 수탈할 목적으로 1908년에 세운 국책 회사로, 농장 경영과 금융업이 주요 업무였다. 본점은 서울에 있었고, 주요 도시에 지점이 있었다.

이 사업은 토지 소유자가 조선총독부가 정한 기간 안에 자신의 토지를 직접 신고하도록 되어 있었습니다. 그런 탓에 황실과 관청 소유의 땅과, 신고되지 않은 마을이나 친족 간 공동소유의 토지 등은 모두 조선총독부의 소유가 되었습니다. 조선에서는 세금을 적게 내기 위해 농민이 자신의 땅을 황실에 맡긴 경우가 많았는데, 이러한 토지들까지 황실 소유라 하여 조선총독부가 차지했습니다.

조선총독부는 이 토지들을 동양척식주식회사(동척)●를 통해 일본인이 운영하는 농업회사나 일본인 이주민에게 넘겼습니다. 그 결과 조선총독부는 2배 이상 증가한 지세 수입으로 식민지 통치에 필요한 재원을 확보했습니다. 그리고 조선으로 이주해온 일본인은 헐값에 토지를 구매하여 지주로 성장했습니다.

반면, 조선의 농민들은 그동안 인정받았던 경작권을 빼앗기고 지주에게 토지 사용료(소작료)를 주고 일정 기간 계약을 맺어 농사짓는 소작농으로 전락했습니다. 이와 달리 지주의 소유권은 강화되어 종전보다 쉽게 소작인을 교체하고 자유롭게 토지를 매매할 수 있었습니다. 소작료는 해마다 올라 농민의 생활은 더욱 어려워졌습니다. 소작지를 구할 수 없었던 많은 농민이 일자리를 찾아 만주나 일본 등지로 이주했습니다.

문화통치의 허울을 쓴 민족 분열책

1919년 전국 곳곳에서 3·1독립운동이 일어났습니다. 조선인의 저항에 부닥친 일본은 통치 방식을 '문화통치'로 바꿨습니다. 조선을 통치하는 총독 자리에 문관 출신도 임명할 수 있게 했고, 헌병경찰제를 보통경찰제[●]로 바꾸었습니다. 관리나 교원에게 칼을 차게 하던 제도도 폐지했습니다. 신문 출판을 허용하여 《동아일보》, 《조선일보》 등의 신문이 창간되었으며, 집회 결사의 자유도 일부 허용했습니다.

그러나 실제로 문관 출신은 한 번도 총독으로 임명된 적이 없었습니다. 오히려 경찰관서와 경찰의 수는 3·1독립운동 이전보다 3배 넘게 늘어났으며, 경찰 예산도 총독부 예산에서 가장 많은 비중을 차지했습니다. 신문 발간을 허용했지만 검열이 심하여 압수, 벌금, 정간의 방식으로 감시와 통제를 했습니다.

일본은 참정권을 부여한다는 명목으로 면이나 군·부, 도협의회에 참여하는 조선인 수를 늘렸습니다. 대구에서도 조선인들이 대구부협의회[●●]에 참가했습니다. 그러나 이들은 대부분 지역 유지나 친일 인사였습니다.

이처럼 일본이 조선인의 문화 창달과 민력 증진을 위한다며 내걸었던 문화통치는 실제로는 무력이나 폭력을 감추고 일부 조선인을 회유하여

● 헌병경찰은 보통경찰의 직무를 겸하면서 언론·집회·출판·결사의 자유를 박탈하고, 즉결 처분권 등을 행사했다. 반면, 보통경찰은 교통과 풍속 등 사회 안전과 질서 유지 임무를 주로 수행했다.

●● 대구부협의회는 대구부의 주요 사업을 논의, 결정하는 기구였다.

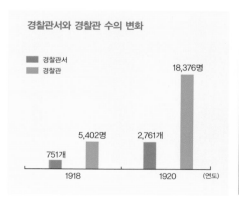

경찰관서와 경찰관 수의 변화

■ 경찰관서
■ 경찰관

751개 (1918)
5,402명 (1918)
2,761개 (1920)
18,376명 (1920)

(연도)

검열로 기사가 삭제된 신문
일제는 사전 검열을 통해 식민 지배에 비판적인 신문과 잡지의 기사를 삭제했으며, 발매 후에도 판매 금지 및 압수, 발행 정지 및 금지 처분을 내려 통제했다.

지배 체제에 참여시키는 민족 분열 정책이었습니다.

일본인을 위한 산미증식계획

1918년 일본에서는 쌀이 부족해 쌀값이 폭등하자 민중들이 쌀값 인하를 요구하며 폭동을 일으켰습니다. 쌀 폭동을 계기로, 일본 정부는 식민지 조선과 타이완에서 쌀을 가져와 만성적인 쌀 부족 문제를 해결하려 했습니다. 그리하여 일본은 조선에서 산미증식계획을 실시했습니다.

먼저 1920년부터 15년 계획으로 쌀 900만 석(135만 톤)을 조선에서 생산해 그중 460만 석(69만 톤)을 일본으로 가져갈 계획을 세웠습니다. 이를 위해 일본은 조선의 관개시설을 개선하고 개간과 간척사업으로 농경지를 확대했습니다. 그리고 일본의 다수확 품종으로 종자를 교체하고 화학비료를 사용하는 일본의 새 농법을 도입해 쌀 생산량을 늘렸습니다.

목표로 했던 쌀 증산량은 달성하지 못했지만 일본으로 가져가려던 쌀의 양은 계획대로 채웠습니다. 그 결과 조선에서는 쌀이 부족해져 쌀값이 폭등했습니다. 또한 새로운 농법이 시행되어 농민들의 비료값 부담이 늘어났고, 저수지 건설로 수리조합비까지 부담하게 되어 농민의 생활은 더욱 힘들어졌습니다.

군산항에 쌓아놓은 쌀 호남평야에서 생산된 쌀은 군산항으로 운송된 뒤 모두 일본으로 이출되었다.

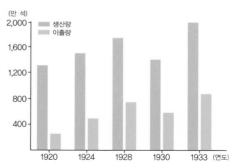

식민지 조선의 쌀 생산량과 이출량

(만 석)
- 생산량
- 이출량

2,000
1,600
1,200
800
400

1920 1924 1928 1930 1933 (연도)

◉ 대구 수성못과 미즈사키 린타로

현재 대구 남동쪽에는 수성못이라는 큰 저수지가 있습니다. 원래는 작은 못이었는데 1924년 대구 지역의 쌀 증산을 위해 만들어진 수성수리조합이 지금의 규모로 크게 확장했습니다. 수성수리조합은 대구부와 도청, 조선총독부에서 10만여 원을 지원받고, 동양척식주식회사에서 6만 2,500원을 빌려 1927년 4월 수리시설을 완공했습니다. 물을 끌어들이기 위해 신천에 물막이 보를 만들고, 토지를 매입하여 둘레 1,750미터, 깊이 8.9미터의 저수지로 만들었습니다. 약 370정보(367만 제곱미터)의 논으로 물을 공급하는 수로도 만들었습니다.

수성못의 완공으로 수확량은 50퍼센트가 늘어났고, 땅값도 30퍼센트나 올라 지주들에게 많은 이득을 안겨주었습니다. 공사 인건비로 9만여 원이 풀려 잠시나마 농민들의 생활에 도움이 되었습니다. 산미증식계획 이후 지주들은 자신이 부담해야 할 수리조합비를 대부분 소작농에게 부담시켰는데, 수성수리조합은 지주가 내도록 지도했습니다.

이렇게 수성수리조합이 성공적으로 운영된 데에는 일본인 미즈사키 린타로의 공이 큽니다. 그는 솔선하여 신천에 보를 만들어, 대구 사람들의 신뢰를 얻었습니다. 못이 완성된 뒤에도 사무실에서 숙식을 하며 수리시설을 관리했습니다. 1939년 그는 수성못이 내려다보이는 남쪽 언덕에 묻혔습니다. 그의 유언에 따른 것이었습니다. 지금도 4월이면 그의 인품과 업적을 기리는 추도식이 열립니다.

지금의 대구 수성못

미즈사키 린타로

3. 두 나라에서 고조된 사회운동

조선의 소작쟁의와 노동쟁의

조선총독부는 농업·공업·무역 면에서 조선의 경제가 크게 성장했다고 선전했습니다. 그러나 토지조사사업과 산미증식계획이 시행되면서 조선 농민의 생활은 더욱 어려워졌습니다. 해마다 턱없이 오르는 소작료는 가장 큰 부담이었습니다. 그래서 소작농들은 소작인회를 결성하여 소작쟁의를 일으켰습니다. 대구 인근의 가창면에서는 지주에게 소작료 인하를 요구하는 소작쟁의가 일어났습니다. 경찰은 소작인회를 불법 단체로 규정하고 탄압했지만 농민은 "끝까지 단결해 악덕 지주에 대항하자, 소작료를 일체 내지 말자"라는 행동 지침을 세우고 싸웠습니다. 기나긴 농민들의 싸움으로 결국 소작료는 인하되었습니다.

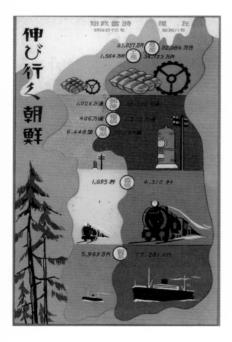

〈뻗어가는 조선〉 조선의 경제 성장을 선전할 목적으로 조선총독부가 만들었다. 메이지 43년(1911)과 쇼와 8년(1933)을 비교하면서 농산(농업), 공산(공업), 우편, 전신, 전화, 철도, 무역 각 분야에서 양적으로 얼마나 성장했는지를 지도와 그림을 통해 표현했다.

그러나 가창면처럼 소작료가 인하되는 경우는 거의 없었습니다. 농민 대부분이 비싼 소작료를 지불하면서 어렵게 생활했고, 가뭄이나 홍수로 인해 농사를 망치면 생명을 이어가기조차 힘들었습니다. 대구·경북에서는 1만 명이 넘는 사람들이 풀뿌리와 나무껍질을 먹으며 겨우 생명을 유지했는데, 당시 언론에서는 도토리 가루에 짚을 잘게 썰어 넣은 죽을 먹는 농민도 있다고 보도되었습니다.

농촌에서 살기 어려워진 농민들은 도시로 이주했지만 노동자로 살아가기도 힘들었습니다. 그들은 임시로 짐꾼이나 흙일·목공·행상 등을 전전하면서, 주로 도시 주변에서 가마니로 지붕과 출입구를 만든 허술한 '토막'에서 생활했습니다.

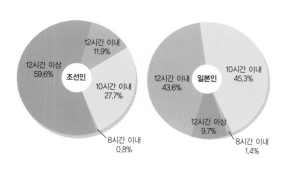

조선인과 일본인 노동자의 노동시간 비교

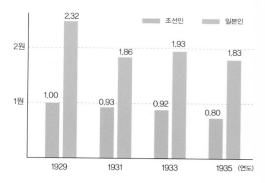

조선인과 일본인 노동자의 임금 비교

    한편, 1910년 조선총독부는 회사령을 발표하여, 회사를 설립할 때 총독부의 허가를 받도록 했습니다. 여기에는 일본 산업의 발전을 위해 조선으로 흘러들어가는 자본의 유출을 막고, 조선인의 회사 설립을 통제하려는 목적이 있었습니다. 그 후 제1차 세계대전으로 막대한 이익을 거둔 일본 기업은 더 많은 이윤을 얻기 위해 임금이 낮은 조선에 투자하려고 했습니다. 그래서 조선총독부는 일본인이 조선에서 회사를 쉽게 설립할 수 있도록 1920년 회사령을 철폐했습니다. 그 결과 일본인이 경영하는 회사가 늘어났습니다.

    일본인 회사에서 일하는 조선인 노동자들은 생명을 위협받는 열악한 환경 속에서 저임금과 장시간 노동을 견뎌야 했습니다. 일본인에게 모욕과 차별도 받았습니다. 그래서 조선인 노동자는 조합을 만들고 노동쟁의를 일으켜 임금 인상과 처우 개선을 요구했습니다. 1920년에 전국 30개 정도였던 노동조합은, 1928년에 500개로 늘어났습니다.

    대표적인 노동쟁의는 1929년 원산에서 일어난 총파업입니다. 일본인 현장 감독이 조선인 노동자를 구타한 사건이 계기가 되어 일어난 원산총파업은 넉 달 넘게 지속되었습니다. 그 기간 동안 조선 각지의 노동자들이 연대파업을 하면서 성금과 식량을 보냈습니다. 또, 일본의 노동자들

도 성금과 격려의 전문을 전했고, 중국·프랑스·소련 등지의 노동자들까지 격려의 전문을 보내는 등 국제적으로 연대했습니다. 그러나 일제의 탄압으로 파업은 뜻을 이루지 못하고 실패했습니다.

원산총파업 일제강점기에 발생한 최대 규모의 노동쟁의로 넉 달 동안 지속되었다.

일본의 소작쟁의와 노동쟁의

1918년, 도야마 현의 어촌 여성들이 일으킨 쌀 폭동은 눈 깜짝할 사이에 전국으로 퍼져 70만 명이 넘는 민중이 동참했습니다. 일본에서는 제1차 세계대전으로 경기가 좋아져 공장이 늘어났으며, 도시 노동자와 주민이 급증하여 쌀 수요가 늘어났습니다. 여기에다 시베리아로 군대를 파견하면서 군용 쌀의 수요가 늘어나자 쌀값이 오를 것을 예상한 상인들이 매점매석하는 바람에 결국 쌀값이 폭등했습니다.

쌀 폭동은 히로시마 시와 구레 시를 시작으로 히로시마 현 전체로 퍼졌습니다. 처음에는 쌀값 인하를 요구하는 수준이었으나 항의 세력이 커지면서 쌀값을 올린 상인의 가게로 몰려가 식량 창고를 열고 쌀을 나눠

일본의 쌀 폭동 1918년, 치솟는 쌀값에 허덕이던 일본 국민이 전국 곳곳에서 폭동을 일으켰다. 수십만 명이 참가한 이 폭동은 군대가 출동하고 나서야 겨우 가라앉았다.

갖기도 했습니다. 폭동에 동참한 사람들은 진압하는 경찰에 맞서 돌을 던지거나 건물을 파괴하는 등 폭력을 행사하기도 했습니다. 쌀 폭동을 진압하는데 경찰만으로는 힘이 부쳐 히로시마에서는 육군 제5사단이 출동했습니다. 일본 전체로 보면 군인이 10만 명이나 동원되었습니다. 구레 시에는 3만의 군중과 군대가 충돌하여 사상자까지 발생했습니다. 일본 정부는 폭동에 가담한

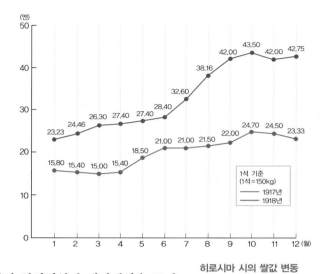

히로시마 시의 쌀값 변동

이들을 2만 5천 명 넘게 검거했고, 폭동의 원인이었던 매점매석을 금지하고 쌀값을 인하했습니다. 그 결과 폭동은 일단 수습되었습니다. 군인이 민중을 탄압한 것은 메이지 정부 이후 처음 있는 사건이었습니다. 이로 인해 당시 내각이 교체되었습니다. 쌀 폭동은 민중이 자신들의 힘을 자각하여 1920년대에 다양한 사회운동을 펼쳐나가는 계기가 되었습니다.

한편, 제1차 세계대전 이후 이어진 불황은 농민을 더욱 괴롭혔습니다. 섬유 산업의 불경기로 원료인 누에고치 값이 절반으로 떨어져 양잠업을 하는 농민은 큰 타격을 받았습니다. 게다가 소작료는 오르고, 쌀값은 계속 떨어져서 농민의 생활은 갈수록 어려워졌습니다. 히로시마 현에서는 "소작료를 내고 남은 싸라기와 보리를 주식으로 먹는 곳은 상당히 유복한 집"이라고 말할 정도였습니다.

소작농민은 단결해 조합을 조직하여 지주를 상대로 소작료 인하를 요구하는 투쟁을 벌였습니다. 히로시마 현에서는 1917년에 처음으로 소작인조합이 조직되었습니다. 그 후 몇 년 사이에 수십 개의 조합이 생겨나 지주와 투쟁했습니다. 전국 규모의 일본 농민조합이 결성된 1922년에

히로시마 현에서 발생한 소작쟁의는 61건이나 되었습니다.

제1차 세계대전 당시 중화학공업이 성장하고 공장 노동자도 급증하면서 이후 많은 노동 단체가 생겨났습니다. 친목이나 노사 협력을 강조하는 성격을 띠었던 '일본노동총동맹'은 단결과 투쟁을 통해서 노동 조건을 개선하려는 단체로 다시 태어났습니다. 제1차 세계대전 이후 불황이 닥치자 해고와 임금 체불이 증가하여 노동조합의 결성도 늘어났습니다. 1922년에는 인노시마 철공소에서 히로시마 현 최초로 메이데이● 행사를 열기도 했습니다.

조선과 일본의 여성해방운동

근대 이전 조선과 일본은 남성 중심의 사회였고, 여성과 아이는 가장의 소유물로 여겨졌습니다. 여성이 가정을 유지하기 위해 아이를 낳고 남편과 시댁에 헌신하는 것을 당연하게 여기던 시절이었습니다. 그러나 개항 이후 이러한 인식에 변화가 일면서 여성운동이 시작되었습니다.

조선에서는 1898년 100여 명의 여성들이 최초의 여성 단체인 찬양회를 조직하여 고종에게 여성의 자유로운 외출과 여학교 설립을 요구했습니다. 이것이 여성운동의 출발이었습니다.

그 뒤 운동이 발전함에 따라 '신여성'으로 불리는 이들이 등장했습니다. 신여성은 주로 서양의 근대 교육을 받은 지식층으로, 교사·기자·의사·간호사 등으로 일하며 여성의 자립을 지향했습니다. 머리카락을 자르고 스커트를 입고, 굽이 높은 구두를 신고 자유롭게 거리를 활보하는 그녀들의 모습에 사람들은 놀랐습니다. 신여성은 인간으로서 의사결정의 자유를 주장하며, 여성도 자유

● 5월 1일에 열리는 노동자들의 기념행사이다. 1886년 5월 1일 미국의 노동자들이 8시간 노동을 요구하는 집회를 열었는데, 경찰과 충돌하여 사상자가 발생하고 시위를 주도한 노동자들은 사형에 처해졌다. 1890년에 이날을 '만국 노동자 단결의 날'로 기념하면서 메이데이가 시작되었다. 일본은 1920년, 한국은 1923년부터 이날을 기념하기 시작했다.

잡지 《신여성》 1923~34년까지 발간된 식민지 조선의 여성 잡지로, 여성 교양을 위한 글과 문학작품을 주로 실었다.

롭게 연애하고 자신의 의지대로 결혼해야 한다고 주장했습니다.

여성의 지위 향상 운동은 1927년 근우회가 결성되면서 한층 발전했습니다. 근우회에는 전국의 여성 단체가 참가했는데, 여성 차별 극복과 일본의 식민지 지배에서 벗어나기 위해 조선의 천만 여성이 단결해야 한다고 외쳤습니다.

일본에서는 메이지유신 후 사회 전반에 혁신이 이루어졌으나 일반 여성의 지위는 별반 달라지지 않았습니다. 여전히 '개인'보다 '이에(家)'가 강조되었고, 여성에게 요구되는 덕목은 '이에'의 유지였습니다. 가부장제에 속박된 삶을 강요받았다는 점에서는 조선의 여성들과 마찬가지였습니다. 게다가 여성은 일본 사회의 주요한 노동자로서 남성과 마찬가지로 탄광과 공장에서 일했습니다. 농촌에서 태어난 많은 여성은 섬유 산업에서 저임금으로 장시간 노동에 시달렸습니다.

일본 근대 여성 교육의 선각자인 쓰다 우메코는 7세에 유학생으로 선발되어 미국으로 건너갔습니다. 18세에 귀국했을 때 자신이 받은 교육과 일본 여성이 처한 현실 사이의 간극이 너무 큰 것을 보고 다시 미국으로 건너갔습니다. 1892년 다시 돌아온 그녀는 여성의 자립을 교육 목표로 삼아 여성고등교육기관(지금의 쓰다주쿠대학)을 설립했습니다.

또 다른 여성운동의 선각자인 히라쓰카 라이초는 1911년 '여성에 의한, 여성을 위한' 문예 잡지 《세이토》의 창간호에서 "원시, 여성은 태양이었다"고 역설하며, 여성 스스로의 힘으로 권리를 되찾자고 호소했습니다. 또한 여성이 처한 상황을 변화시키기 위해서는 여성도 정치에 참여해야 한다고 생각하여 여성의 선거권 요구 운동을 전개했습니다.

히로시마에서는 1920년에 미하라여자사범학교의 여성 교원들이 히라쓰카 라이초의 초청 강연회를 개최했습니다. 1929년

잡지 《세이토》 일본 여성들이 만든 여성 잡지로, 1911~16년까지 발간되었다. '푸른 가죽신'이라는 뜻의 잡지명은 인습에 반대하는 여성을 영국에서 블루 스타킹(Blue Stocking)이라고 부른 데서 유래했다.

에는 후쿠야마와 구레에서 여성 참정권을 위한 연설회가 열렸고, 히로시마 현에는 '여성선거권획득동맹 히로시마 지부'가 결성되었습니다. 그러나 일본에서는 1946년이 되어서야 여성에게 참정권이 주어졌습니다.

인권 투쟁을 벌인 조선의 형평사와 일본의 수평사

1920년대 초반, 전쟁의 길만 계속 걸어온 일본제국주의 시대에 조선과 일본에서 인권을 찾기 위해 두 단체가 투쟁으로 일어섰습니다. 일본에서 결성된 수평사(水平社, 1922년)와 조선에서 결성된 형평사(衡平社, 1923년)입니다.

일본에서는 1871년에 '해방령'이 나왔지만 피차별 부락 사람들에 대한 차별은 없어지지 않았고 생활도 개선되지 않았습니다. 차별을 철폐하기 위해 싸워온 사람들이 모여 "전국에 흩어져 있는 우리 특수부락민●이여! 단결하라!"라고 호소하면서 전국 수평사를 결성했습니다. "인간 세상에 열기가 있어라. 인간에게 빛이 있어라"라는 구호를 내건 '수평사 선언'은 일본 최초의 인권 선언입니다.

"평등은 사회의 근본이요, 사랑은 인류의 선한 본성이라. 그러므로 우리는 계급을 없애고 모욕적인 명칭을 폐지하며, 교육을 장려하여 우리도 곧 진실한 인간이 되고자 함이 본 단체의 목적이라." 이것은 조선 형평사의 발기문입니다. 형평사는 1894년 갑오개혁으로 신분제도가 폐지된 이후에도 계속 차별을 받아온 백정●●들이 중심이 되어 조직했습니다.

조선과 일본의 봉건 시대 지배계급은 지배체제를 유지하기 위해 신분제도를 만들고, 신분에 따른 차별과 경제적 착취를 해왔습니다. 당시 신분제도에서는 직업, 결혼, 거주 이전의 자유가 없었으며, 복장과 머리 모양에 이르기까지 엄격한 제한이 있었습니다.

봉건적 신분제도가 붕괴되고 신분 차별에서 해방되면서 비로소 근대

● 특수부락민은 메이지 시대에 피차별 부락에 대한 호칭으로 사용된 행정용어였지만 일반적으로는 차별적인 의미로 사용되었다. 전국 수평사는 '선언'에서 자신들을 자랑스럽게 지칭하는 말로 이 단어를 사용했다.

●● 백정은 전통적으로 도살과 고기 판매, 가죽과 버드나무로 만든 고리 제품의 판매를 생업으로 해온 계층이다. 이들은 따로 자신들만의 마을을 이루어 거주했으며, 상투를 틀거나 두루마기를 입을 수도 없었다.

형평사 포스터(왼쪽) 형평은 백정이 사용하던 저울을 뜻하며, 형평운동은 "저울처럼 평등한 사회를 만들자"는 것이었다.

수평사를 방문한 형평사의 중앙위원들(오른쪽) 형평사와 수평사는 폭넓게 교류하며 연대해 인권이 존중되는 사회를 위해 투쟁했다.

사회가 시작되었습니다. 특히 심한 차별을 받아온 사람들은 신분제도를 폐지하고 사회적 차별을 개선해나갈 것을 요구했습니다. "이 같은 차별을 자식과 손자에게 남겨서는 안 된다"라는 강한 신념은 차별받아온 조선인이나 일본인 모두 같았습니다. 그러나 조선과 일본 모두 정부와 지배층에 대해 불만을 가진 일반 민중이 피차별 부락이나 사람들을 공격하는 사건이 일어나기도 했습니다.

　이러한 상황을 극복하며 결성된 형평사와 수평사는 깊이 교류했습니다. 대회가 열리면 서로 축전을 보내며 지부 차원의 교류를 하는 등 인권 확립이란 목표를 향해 협력하며 운동을 발전시켜갔습니다. 게다가 두 조직 모두 당시의 농민운동과 노동운동, 사회운동과도 폭넓게 연대하여 인권이 존중되는 사회를 실현하기 위해 투쟁했습니다. 활발한 운동을 펼치던 두 조직은 1925년 제정된 치안유지법에 의해 지도자들이 검거되는 등 탄압을 받았습니다. ●

● 현재 한국에서는 신분에 따른 차별이 거의 없어졌지만, 일본에서는 피차별 부락민에 대한 차별 의식이 지금도 남아 있어 차별 사건이 끊이지 않고 있다. 수평사의 정신을 계승한 단체는 뿌리 깊게 남아 있는 부락 차별을 없애고 인권이 존중받는 사회를 만들기 위해 지금도 계속 활동하고 있다.

4. 일본으로 간 조선인, 조선으로 온 일본인

감시와 차별을 받은 재일 조선인

조선인이 일본으로 이주하기 시작한 것은 병합 이전부터였습니다. 유학생과 정치적 망명자뿐 아니라 노동자들도 일자리를 찾아 일본으로 건너가 탄광과 철도 공사장 등지에서 일을 했습니다.

1910년 11월, 일본의 지방 신문 가운데 하나인 《주고쿠신문》에는 〈대규모 군사 훈련으로 히로시마로 몰려온 조선 엿장수〉라는 기사가 실렸습니다. 오카야마의 철도 건설 공사장에서 일했던 조선인들은 공사가 끝나자 조선으로 돌아가지 않고 그곳에 남아 엿 장사를 시작했습니다. 그러나 오카야마에서 육군의 대규모 군사 훈련이 실시되면서 군의 기밀이 새어나가면 위험하다는 이유로 조선인들은 장사도 못 하고 히로시마로 쫓겨났습니다. 그 당시에도 일본 경찰은 조선인의 동향을 엄격하게 관리했습니다.

제1차 세계대전 동안 호경기를 맞은 일본 기업은 조선인 노동자들을 일본으로 이주시키는 데 힘을 쏟았습니다. 1917년, 히로시마에 거주하는 조선인은 그 전해보다 10배 넘게 늘었고, 방적 공장에서 일하는 여성도 한꺼번에 많이 증가했습니다. 그러나 이들은 일본 노동자보다 심한 차별을 받았습니다. 그래서 종종 파업을 일으켰습니다.

한 예로 후쿠야마의 방적공장에서 조선인이 파업을 일으킨 사건이 있었습니다. 조선인

일본의 조선인 엿장수

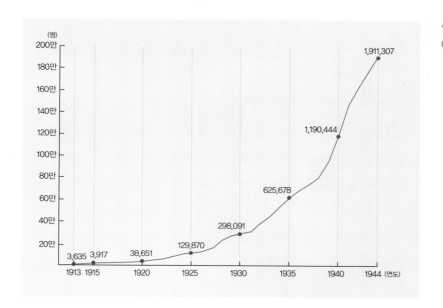

여성 노동자가 휴식 시간에 졸고 있는데 일본인 감독이 강제로 깨우자, "(휴식) 시간이 아직 3분 남았습니다"라고 조선어로 말했습니다. 일본인 감독은 조선어를 알아듣지 못하고 "불평을 지껄이지 말라"라며 갑자기 머리채를 잡아챘습니다. 조선인 여성 노동자 2명이 이를 말리려다 일본인 남성 노동자들에게 집단 폭행을 당해 중태에 빠졌습니다. 이에 분개한 조선인 남녀 노동자 115명이 파업을 일으킨 것입니다.

토지조사사업, 산미증식계획으로 토지를 잃은 조선의 농민도 일본으로 건너갔습니다. 1930년까지 노동자와 농민을 포함해 수십만의 조선인들이 일본에 자리를 잡았습니다. 히로시마에는 특히 경남 합천군 출신의 조선인이 많이 이주했습니다. 조선인이 일본으로 건너가려면 친척이나 친구의 수락 증명서가 필요했는데, 이 때문에 히로시마의 합천군 출신 조선인들처럼 일본에는 같은 지역에서 온 조선인들이 모여 사는 경우가 많았습니다.

재일 조선인의 결혼식 히로시마 현 도고치초에서 있었던 당시 조선인의 결혼식 풍경이다.

재일 조선인의 생활 모습
양산도
창포밭에
비단잉어가 논다
굼실굼실
잘도 논다

한복과 제각각 다른 옷을 입은 150여 명의 사람들이 두 대의 전철을 빌려 축제 장소인 하천 부지로 향했습니다. 징·북·태평소·피리 등을 연주하면서 떠들썩하게 〈양산도타령〉을 조선어로 부르면서 날이 밝도록 춤추며 노래했습니다.

―《주고쿠신문》1923년 8월 17일자

일본에 온 조선인은 여러 면에서 차별받았습니다. 신문도 차별 의식을 부추겼습니다. 일본이 조선을 병합한 후에 나온 신문기사를 보면, 형사 사건을 일으킨 조선인에 대한 기사에서 조선인을 의미하는 '조센진'이라는 단어 대신 차별적 의미를 갖는 '센진'이라는 단어를 사용했습니다. 특히 3·1독립운동 후에는 거의 모든 기사에서 조선인을 센진으로 썼습니다. 센진이란 차별어에다 '불령(불평하며 순종하지 않는다)'을 붙여 '후테이센진(불령선인)'이라는 말도 등장했습니다. 일본인 대부분은 지각없이 조선인을 센진 혹은 후테이센진이라고 부르며 차별했습니다. 이런 상황에서 의지할 데 없는 조선인은 자연스럽게 함께 뭉쳐 조선인 부락을 만들어 살아갔습니다. 그러나 조선인들의 부락은 주로 저습지나 하천부지 등 생활조건이 나쁜 곳만 허용되었습니다.

이렇듯 어려운 생활 속에서도 조선인들은 명절 때가 되면 함께 모여

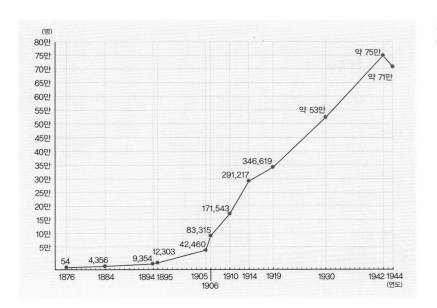

노래하고 춤추며 조선에 있는 고향을 생각했습니다. 봄이 되면 가족, 친척, 친구가 모여 야유회와 꽃놀이를 즐겼습니다. 조선인들은 저고리를 입고 〈도라지타령〉, 〈아리랑〉을 부르며 조선의 전통을 지켜갔습니다.

조선으로 건너온 일본인

일본의 조선 병합 후 많은 일본인이 조선으로 건너왔습니다. 특히 경찰과 교원을 포함한 공무원과 농업직의 이민이 많았습니다. 그들은 식민지 통치기구의 실무자로서, 지역에서는 지주로서 조선인을 지배했습니다.

1925년 조선에 거주한 일본인은 대부분 한반도와 가까운 규슈와 쥬고쿠 지방 출신자였습니다. 그중에서도 주고쿠 지방의 히로시마 현 출신자는 2만 6천 명이 넘을 정도로 조선에 많이 이주했습니다. 이 가운데 상당수는 어업 종사자였습니다.

히로시마 현은 어업 인구가 많았지만 어장 규모가 작아서 지역 어민들

일제 시기 통영의 일본인촌

서울

한국

부산

구 요시노초

구 일본인 마을
(시 중심가)

남망산

통영항

구 히로시마촌

구 오카야마촌

통영시

통영의 과거(위)와 현재(아래)

이 이미 1880년대부터 조선 근해로 진출했습니다. 1900년에는 조선 근해에서 고기잡이를 하는 일본 어선 가운데 3분의 1이 히로시마 현 소속일 정도였습니다. 일본인 어민이 증가하면서 조선 어장은 날이 갈수록 황폐해졌습니다. 그리하여 어장을 지키려는 조선인 어민과 일본인 어민 간에 충돌이 일어나기도 했습니다.

강제병합 이후 일본인 수산업자들은 조선의 어장을 차지하고 조선인 노동력을 저임금에 부리며 호황을 누렸습니다. 그리고 동양척식주식회사와 히로시마 현의 이주 장려 정책에 따라 조선에 정착한 일본인 어민들도 많았습니다. 1910년대 말에는 통영과 여수에 히로시마 어민들이 정착해 '히로시마촌'이라 불리는 마을을 형성하기도 했습니다.

● 간토대지진 때 학살된 조선인

도쿄의 요코아미쵸 공원에 있는 비석에는 다음과 같은 글이 새겨져 있습니다. "1923년 9월에 일어난 간토대지진의 혼란 중에, 잘못된 정책과 유언비어로 인해 6천여 명에 달하는 조선인이 고귀한 목숨을 잃었습니다. (중략) (1973년 9월)"

1923년 9월 1일 간토 지방에 대지진이 일어나, 도쿄를 비롯한 간토 전 지역에 걸쳐 사상자 20여만 명, 화재로 집을 잃은 사람이 수백만 명에 이르는 등 막대한 희생을 낳았습니다. 지진 지역의 치안을 지휘했던 내무대신과 경시총감은 조선총독부에 근무하면서 3·1독립운동 때 조선인을 탄압했던 사람들이었습니다. 그들은 조선인의 독립운동과 일본 민중의 사회주의화, 그리고 조선인과의 연대를 두려워하며 피해 복구와 구제보다는 치안 유지에 치중했습니다. 경찰은 "조선인이 폭동을 일으키고 있다"라는 유언비어를 유포하면서 재해 상황에서 유례없는 계엄령을 도쿄와 그 주변에 내렸습니다. 또한 내무성은 유일하게 기능하고 있던 해군 송신소를 이용해서 지방장관들에게 "폭동을 일으키고 있는 조선인의 행동을 엄격히 단속하라"는 전보를 보냈습니다. 군과 정부가 근거 없는 유언비어를 마치 기정사실인 것처럼 전한 것입니다. 그로 인해 일반인들 사이에서는 간토대지진으로 인한 피해가 조선인이 일으킨 폭동 때문이라고 알려졌습니다.

죽도 등으로 무장한 자경단

그 결과 경찰과 군대뿐 아니라 주민이 만든 자경단까지 합세해 조선인을 학살했습니다. 일본어 발음이 정확하지 않고 인상과 옷차림에서 조선인이라 판단되면 무조건 학살이 자행되었습니다. 학살당한 사람 가운데는 조선인뿐 아니라 중국인과 일본인 사회주의자, 지방 출신 일본인도 있었습니다.

화가 다케히사 유메지가 그린 〈자경단 놀이는 그만합시다〉

이 사건에 대해 일본 안팎에서 다양한 항의가 있었으나 군대에 의한 조선인 학살은 적법한 행위로 치부되었으며, 일반 민중에 의한 학살은 일단 그 책임을 추궁했지만 가담자들 대부분 가벼운 형량을 받는 데 그쳤습니다.

● 히로시마인이 경영한 요정 '도수원'

대구에 이주한 일본인 가운데 초창기 이주자들은 관리를 제외하고는 주로 상업에 종사했습니다. 그들은 일본인 관리의 지원에 힘입어 많은 돈을 벌었고 대규모 상점과 공장을 경영했습니다. 이 밖에도 일본식 요릿집이나 식당, 여관 등을 운영했습니다.

그 가운데 도수원(刀水園)이라는 최고급 요정이 있었습니다. 도수원을 경영한 사람은 히로시마 출신의 노세키 니키조였습니다. 일본에서 선원으로 일했던 그는 조선으로 이주하여 여러 곳에서 사업을 벌이다 1929년 대구에 기요노이에(淸家)라는 요정을 개업했는데, 곧 이름을 도수원으로 바꾸었습니다.

지금의 칠성시장 근처에 문을 열었던 도수원은 원래 조선 시대 양반들이 모여 놀았던 영귀정(詠歸亭)이란 정자와 대나무밭이 있었습니다. 노세키는 이곳을 매입하여 나무와 꽃을 심어 울창한 숲을 조성하고, 거기에 하천의 물을 끌어다 배를 타고 낚시를 즐길 수 있는 못까지 갖추어, 낮에는 공원으로 밤에는 요정으로 운영했습니다.

도수원은 대구의 유명인들이 드나드는 사교와 연회 장소로, 민물고기 요리가 유명했습니다. 대구 출신의 유명한 시인 이상화는 도수원의 화려한 모습과는 달리 비참한 생활을 하는 조선인을 생각하면서 다음과 같이 노래했습니다. "숲 그늘 우거진 도수원 놀이터에 / 오고 가는 사람이 많기야 하여도 / 방천둑 고목처럼 여윈 이 얼마랴." (〈대구행진곡〉 중에서)

일제 시대 엽서에 수록된 도수원

◉ 일본인이 세운 백화점, 미나카이

일본인은 조선에 백화점을 세워 자신들의 상품을 팔았습니다. 대구에도 일본인이 세운 이 시비야 백화점과 미나카이 백화점이 있었습니다. 경성에 본점을 둔 미나카이 백화점은 조선 각지에 11곳의 지점을 두었고, 중국과 만주에도 지점이 있었습니다. 1931년에 세워진 대구의 미나카이 백화점은 5층 건물로, 꼭대기 층에 큰 홀이 있어 그곳에서 각종 모임이 열렸습니다. 또한 대구에서는 처음으로 엘리베이터가 설치된 건물이라 사람들이 엘리베이터를 타보려고 줄을 설 정도였습니다. 쇼윈도가 있고, 밤에는 네온사인이 빛났습니다. 기모노 차림이나 스커트를 입은 여성 점원과 포마드(머리카락에 바르는 기름)를 바르고 와이셔츠를 입은 남성 점원 등 140여 명의 직원들이 사람들의 눈길을 끌었습니다.

백화점은 전통 시장과 달리 다양한 상품을 진열해놓았을 뿐 아니라 서양식 화장실과 각종 편의 시설을 갖추고 있었습니다. 상품은 대부분 일본과 서양에서 들여온 것이었고, 백화점을 이용하는 사람들은 주로 일본인과 소수의 부유한 조선인이었습니다. 또한 백화점에서는 매출 확대를 위해 따로 상품 광고를 하기도 했습니다.

백화점에 진열된 새로운 상품들은 조선의 젊은이들에게 근대 문화에 대한 동경심을 불러일으켰습니다. 한 신문에 게재된 시사만화는 이러한 현실을 날카롭게 그리고 있습니다. 시험을 끝내고 백화점에서 쇼핑을 하는 경성의 한 여학생이, 고향의 부모님을 위한 선물은 사지 않고, 자신의 욕망만을 채우고 있다고 비판했습니다. 백화점은 일본의 문화를 선전하는 역할을 하는 한편 조선인들에게 문화적 열등감을 불러일으키기도 했습니다.

대구 미나카이 백화점의 야경

〈승강기의 매력〉 《조선일보》 1933년 10월 29일자에 실린 시사만평이다.

2장

일본, 조선을 발판으로 동아시아를 침략하다

1. 대륙 침략 기지가 된 조선

소득 증대를 강요한 농촌진흥운동

1930년대 들어서면서 세계 경제공황의 여파로 조선과 일본의 경제가 어려워졌습니다. 특히 조선의 농촌에서는 쌀값을 비롯해 농산물 가격이 폭락했으며, 농가 빚이 늘어나면서 몰락하는 농민이 늘어났습니다. 그 결과 농민들의 불만이 높아지면서 사회주의 농민조합이 늘어났고, 이들을 중심으로 한 소작쟁의가 거세게 일어났습니다.

소작쟁의는 조선총독부가 조선을 지배하는 데 위협이 될 정도였습니다. 또한 대륙 침략 전쟁을 수행하기 위한 물자 확보를 어렵게 했습니다. 조선총독부는 이러한 문제를 해결하기 위해 '농촌진흥운동'을 실시했습니다.

이 사업을 추진하기 위해 조선총독부는 면사무소 직원에게 명령을 내려 농민들의 살림살이 현황을 조사했습니다. 그리하여 농민들은 강제로

저축과 보험에 들어야 했습니다. 또한 가축 똥에
풀을 섞어 거름을 만들거나 밤늦게까지 가마니를
짜야 했습니다. 아이들도 누에치기, 가축 기르기
등 일을 해야만 했습니다.

조선총독부는 조선의 농촌이 낙후된 까닭은 농
민이 무지하고 게으른 탓이라며, 농민들에게 열심
히 일하고 절약하면 누구나 잘살 수 있다고 대대적
으로 선전했습니다. 그리고 농민들에게 근검절약
과 부업으로 소득을 증대시킬 것을 강요했습니다.

저축 장려 홍보엽서. '전진하
는 황군을 후원하는 저축'이
라고 쓰여 있다.

조선에 세워진 군수공장

1930년대에 들어서면서 조선총독부는 농업 중심
의 조선을 중국 침략전쟁을 위한 군수기지로 삼기
로 결정하고 급속히 공업화 정책을 추진했습니다.
그중에서도 수력발전, 제철, 알루미늄 제련, 화약
제조 등 중화학공업에 힘을 쏟았는데, 대표적인 기업으로 '일본질소'가
조선에 세운 '조선질소'가 있습니다. 조선질소는 제철, 화학비료, 마그네
슘, 화약 등을 생산하기 위해 여러 공장을 세웠습니다. 이후 조선질소는
그 투자 금액이 조선에 진출한 일본 기업들 총 자본 투자액의 30퍼센트
를 넘으며 조선에서 최대 기업이 되었습니다.

조선질소는 이미 1920년대 중반부터 조선에서 댐 건설과 화학 공업
부문에 진출해 있었습니다. 조선질소는 노구치 시타가우가 사장으로 있
으면서 조선 총독에게 장진강댐 건설을 직접 하청받는 등 총독부와 결탁
하여 성장했습니다. 흥남공장 부지를 매입할 때는 주민의 반대를 누르기
위해 군수와 면장 등 공무원을 앞세웠고, 경찰과 관리들이 지켜보는 가

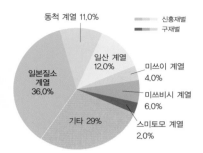

1942년 조선에 진출한 일본 기업의 자본 비율

동척 계열 11.0%

신흥재벌
구재벌

일산 계열 12.0%

미쓰이 계열 4.0%

일본질소 계열 36.0%

미쓰비시 계열 6.0%

기타 29%

스미토모 계열 2.0%

1930년대 흥남화학공장

운데 지주들을 한곳에 모아 계약을 강요했습니다. 어느 지주는 계약을 반대했다는 이유만으로 10일간 구금되기도 했습니다. 주민들을 퇴거시키는 과정에서도 경찰을 동원하여 폭력을 휘둘렀습니다. 이처럼 조선총독부와 조선질소는 한통속이 되어 주민의 생활을 파괴하면서 부지 5백 수십만 평, 종업원 5만 명의 흥남화학공장을 건설했습니다.

흥남화학공장은 노동환경이 대단히 열악하여 노동자의 생명과 건강을 위협할 정도였습니다. 일본에 이미 만들어져있던 공장법●도 적용되지 않아 장시간 노동이 강요되었습니다. 특히 조선인 노동자에게는 더욱 가혹했습니다. 1936년 《동아일보》 8월 1일자 기사에는 조선질소 흥남화학 공장에서 병에 걸린 노동자 수가 8,100명이며, 그 가운데 1년간 사상자 수가 1,300명에 이른다고 보도했습니다. 이러한 상황을 보고 흥남화학 공장을 '살인 공장'이라고 말한 일본인도 있었습니다. 조선질소의 이익률은 일본질소의 2~3배가 넘었습니다.

● 공장법은 산업혁명 이후 노동력 보전을 위해 만든 법률로, 여자와 어린이의 장시간 노동과 심야 노동을 금지한 내용을 담고 있다. 일본에서는 1911년에 만들어졌지만 제대로 지켜지지 않았다.

조선총독부의 황국신민화 정책

1930년대 후반 일본과 중국의 전쟁이 본격화되자 조선총독부는 조선인을 전쟁에 동원하기 위해 황국신민화 정책을 진행했습니다. 조선의 어린

이는 매일 "나는 대일본제국의 신민입니다. 우리는 마음을 합쳐 천황 폐하에게 충의를 다합니다. 나는 인고단련하고 훌륭하고 강한 국민이 되겠습니다"라고 황국신민서사를 낭독하며 맹세했습니다. 이 서사에서 보듯 황국신민화는 조선인을 교육하여 "나라=덴노를 위해

남산 조선 신궁 지금의 남산 안중근의사기념관 뒤편에 있던 조선 신궁의 모습이다. 1면 1신사 설치 정책을 추진했던 일제는 조선 각지에 1천여 개의 신사를 세워 신사 참배를 강요했다.

서 생명을 바치는 신민으로 만든다"는 것이었습니다. 어른들도 공공장소나 직장에서 성인용 황국신민서사를 외워야 했습니다.

총독부는 각 면마다 신사*를 세우고, 조선인에게 참배를 강요했습니다. 신사 참배는 곧 일본의 덴노를 숭배하는 것이었습니다. 각 학교에서는 덴노의 사진을 걸어놓고 매일 덴노에게 살아 있는 신으로서 최고의 존경을 표하도록 강요했습니다. 각 가정에도 제단을 만들게 하여 아침마다 참배를 시켰습니다. 신사 참배를 하지 않는 학교는 폐교시켰고, 신앙을 이유로 참배를 거부한 일부 기독교인을 탄압했습니다.

나아가 조선총독부는 매월 1일 학교를 비롯한 모든 기관과 단체에 '애국일'이라는 행사를 치르게 했습니다. 특히 신사와 교정에서 덴노가 사는 황궁(도쿄)을 향해 인사하고, 일장기 게양, 기미가요(일본 국가) 제창, 황국신민서사 낭송, '천황 폐하 만세' 삼창을 하도록 했습니다.

1936년에 조선 총독이 된 미나미 지로는 일본과 조선은 한 몸이라는 '내선일체'를 강조했습니다. 그는 '내선일체'를 조선인의 마음과 피와 몸이 모두 일본인과 하나가 되는 것이라고 주장했습니다. 1939년부터는 학교에서 조선어 수업이 없어졌습니다.

● 메이지 시기 이전 일본의 신사에서는 지역의 다양한 신을 모셨으나, 메이지가 일본 덴노가 되면서 살아 있는 덴노와 그 조상을 신으로 모시기 시작했다.

내선일체 구호 아래 실시된 창씨개명

조선총독부는 내선일체라는 구호 아래 1940년 2월 11일부터 조선인의 '창씨개명(創氏改名)'을 실시한다는 총독부령을 발포했습니다.

창씨는 조선의 성(姓) 대신에 일본의 씨(氏)를 새로 만드는 것이고, 개명은 이름을 일본식으로 바꾸는 것을 말합니다. 조선에서는 조상이 같으면 같은 성을 사용했지만, 창씨를 하면 같은 성이라도 여러 일본식 씨로 다르게 나뉘었습니다. 이는 조선의 전통적인 가족제도를 부정하는 것이었습니다. 창씨를 강요한 이유는 덴노를 중심으로 하는 '이에(家)'를 만들어 충성심을 높이고 조선인을 일본인화하기 위해서였습니다.

신고제로 창씨를 시작했는데, 두 달이 지나도 신고율이 1퍼센트밖에 되지 않았습니다. 내선일체를 구호로 내세워 창씨개명을 시행했는데, 조선인이 지지하지 않으니 조선총독부의 위신이 떨어졌습니다. 그래서 조선총독부는 모든 행정기관을 동원하여 강제로 창씨를 하게 했습니다. 조

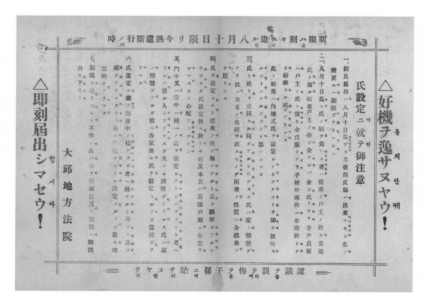

대구지방법원 창씨개명 촉구 전단(1940년) 이 전단에는 "좋은 기회를 놓치지 않게 즉각 제출합시다"라는 문구와 함께 창씨개명에 대한 주요 내용이 담겨 있다. "❶ 창씨 서류 제출은 8월 10일까지입니다. 그 후에는 제출할 수 없습니다. 이름 변경은 기한이 없습니다. ❷ 8월 10일까지 창씨 서류를 제출하지 않는 분은 종래의 호주 성을 그대로 따르게 됩니다. 그 결과, 호주의 성이 김(金)이면 김이씨(氏)로 되어 처 윤정희는 호주의 씨에 따라 김정희로 되며, 며느리 박남조는 김남조로 바뀌게 됩니다. ❸ 씨와 성(姓)을 혼동하는 듯하나 씨는 이에(家)의 칭호이며 성은 남계의 혈통을 나타내는 것으로, 둘의 성질은 전혀 다릅니다. ❹ 씨를 설정하면 종래의 성이 없어지게 된다는 오해가 있는 듯하나, 씨 설정 후에도 성과 본관은 원래 호적에 남게 되니 걱정할 필요가 없습니다. ❺ 문중 또는 종중은 동일한 씨를 설정해야 한다는 생각을 하는 사람도 있으나 큰 오해입니다. 씨는 이에의 칭호이니, 각 가정별로 다른 씨를 설정함이 당연합니다. (후략)"

선인 유력자에게 창씨를 시키고, 그들이 창씨한 사례를 대대적으로 신문에 보도했습니다. 또한 도별로 창씨한 인원수를 발표하여 실적 경쟁을 부추기는 등 창씨를 할 수밖에 없는 분위기를 조성했습니다. 또한 창씨를 하지 않으면 학교에 입학할 수 없고, 취직도 못하며, 먼저 징용하겠다고 위협했습니다. 창씨제도를 비판하면 체포하기도 했습니다. 이렇게 하여 6개월 후에는 창씨 신고율이 80퍼센트에 이르렀습니다. 신고를 하지 않은 경우에는 관공서에서 직접 호주의 성을 씨로 강제 등록하여 가족이 모두 등록된 씨를 사용하도록 했습니다.

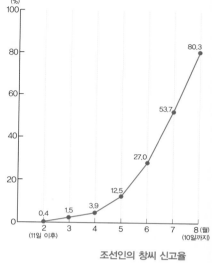

조선인의 창씨 신고율
(1940년)

그러나 조선인 대부분은 일본식 씨명을 사용하는 것에 반감을 가졌습니다. 조선인에게 창씨는 선조와 가문을 모두 버리는 행위일 뿐 아니라, 자신과 집안의 뿌리를 부정하는 행위였기 때문입니다. 그래서 창씨를 거부하며 자살하는 사람도 있었고, '견자'(개의 자식)로 창씨를 한 사람도 있었습니다.

한편, 총독부는 창씨는 강제로 추진했지만 개명은 강제하지 않았습니다. 그 까닭은 조선인과 일본인을 구별하기 위해서였습니다. 그뿐 아니라 조선인이 창씨하고 개명하더라도 호적에는 원래의 조선식 성명을 그대로 표기해 한눈에 조선인임을 알 수 있게 했습니다. 내선일체를 내세우며 창씨개명을 추진했지만 결국 조선인을 차별하고 지배하려는 일본의 목적은 변함이 없었습니다.●

● 현재 한국에서는 인구의 약 60퍼센트가 상위 10개 성을 사용하는 데 비해, 일본에서는 상위 10개 성의 인구가 10퍼센트 정도이다. 성의 수도 한국은 300개가 안 되며, 본관을 따져 구별하더라도 4천 개 정도이다. 하지만 일본은 성이 30만 개에 이른다. 일본에서는 친한 사이가 아니면 대부분 성만을 부르는데, 한국에서는 대체로 성과 이름을 함께 부른다.

2. 전시체제 아래 민중의 생활

차별과 착취에 시달린 조선인

세계 경제공황으로 쌀을 비롯한 곡식의 값이 폭락하면서 경제적 손실을 입은 지주들은 농민이 부담하는 소작료를 턱없이 높게 올렸습니다. 그로 인해 농민의 생활은 더욱 어려워졌습니다. 게다가 농촌진흥운동의 일환으로 실시된 저축과 보험이 생활고를 더욱 부채질했습니다. 생활고를 견딜 수 없어서 한밤중에 도망치는 농민들이 속출했고, 수업료를 내지 못해 퇴학당하는 학생 수가 급속히 증가했습니다. 1월부터 봄이 올 때까지 식량이 다 떨어져 굶어 죽는 사람도 여럿 생겼습니다.

　노동자의 생활은 농민보다는 그나마 나았지만 어렵기는 마찬가지였습니다. 이들은 낮은 임금과 열악한 환경에서 일했습니다. 일본인 노동자 한 사람 임금으로 조선인 노동자 3~3.5명을 고용할 정도로 임금 차별도 심했습니다. 또한 일본인 감독의 차별과 폭력 아래서 장시간 노동을 견뎌야 했습니다. 이미 일본에서는 1935년에 12시간 이상 일하는 노동자가 거의 없어졌는데, 같은 시기에 조선에서는 노동자의 절반이 12시간 넘게 일했습니다.

　대구에 사는 농민과 노동자의 생활도 마찬가지였습니다. 1930년대 대구 도원동(지금의 고성동 일대)에 살고 있던 농민에 관한 조사 결과를 보면, 전체 57호 중 지주는 1호도 없었습니다. 자신의 토지에서 자급자족할 수 있는 농민은 불과 7호뿐이었고, 그 밖에는 소작을 하거나 날품팔이 노동을 하면서 생계를 꾸려나갔습니다. 대구에는 규모가 큰 제사

> **당시 《동아일보》에 실린 기사 제목들**
> • 생활난에 견딜 수 없어 한밤중에 도망치는 사람 속출(1930. 10. 23)
> • 곡가 폭락, 통학 불능 퇴학생 7백 명 남짓(1930. 11. 29)
> • 수업료 미납으로 1500 학생 퇴학(1930. 12. 11)
> • 굶고 있는 일용직 인부에게 강제적으로 저축을 (1931. 8. 20)

(製絲)공장, 담배공장과 함께 정미소가 많았습니다. 공장 경영자는 주로 일본인이었고, 일하는 사람 대부분은 농촌에서 생활할 수 없어 대구로 들어온 농민들이었습니다. 정미소의 노동 환경은 대단히 나빴습니다. 먼지가 많았고, 기계도 위험했습니다. 하루 12시간이 넘는 중노동으로 사고가 잦았습니다. 이 때문에 어느 정미소에서 노동자가 기계에 끼여 죽는 사고가 일어나자 수천 명이 파업을 일으킨 적도 있었습니다.

'총동원'된 일본인

1937년에 중일전쟁이 시작되자 일본은 바로 국민정신총동원운동을 추진했습니다. 매월 1일을 흥아봉공일*로 지정하여 음식점은 휴업시키고, 금주와 금연을 강요했으며, 일반 가정의 식탁까지 통제해 끼니때 상에 국과 반찬을 한 가지씩만 올리고, 도시락 반찬은 매실짠지로만 하도록 강요했습니다. 또한 궁성요배와 청년단 주최로 전사자의 묘지를 의무적으로 청소하도록 했습니다.

전쟁이 장기화되면서 쌀과 석유·철 등의 자원이 심각하게 부족해졌습니다. 그리하여 정부는 생활필수품을 배급제로 전환하고 전쟁에 필요한 물품을 강제로 공출했습니다. 사찰의 종을 비롯하여 학교의 그네, 집에 있는 난로·단추·주걱·솥·숟가락·양동이 등 온갖 금속을 공출로 다 거두어갔습니다. 게다가 전쟁 비용을 모으기 위해 보국저금이란 명목으로 강제로 저금을 시켰습니다.

일본 정부는 관의 명령을 구석구석까지 전달하기 위해 전국의 주민을 다섯 집에서 열 집 단위로 묶는 '도나리구미(隣組)'를 조직했습니다. '도나리구미'마다 연대책임을 지고 서로 감시하게 하는 등 전쟁에 비협조적인 분위기가 조성되지 않도록 했습니다.

일본은 중일전쟁 이후 병력을 급속히 증강했습니다. 1943년에는 징병

● 일본은 국민정신총동원운동의 일환으로 개인의 생활을 규제하고 전쟁 의지를 높이기 위해 흥아봉공일을 만들었다.

연령을 20세에서 19세로 내리고, 17세 미만의 지원병까지 전쟁터로 보냈습니다. 1945년에는 '의용병법'을 제정하여 남자는 15세부터 60세, 여자도 17세부터 40세까지 의용병으로 조직했습니다. 이를 '총동원'이라고 부릅니다. 1945년 패전 무렵에는 육군 550만 명, 해군 170만 명으로 일본인의 10퍼센트 가까이가 군인이었습니다.

"나는 아내와 자식 다섯을 남겨두고, 만감을 뼈저리게 느끼며 내일 아침 전쟁터로 나갑니다. 나는 하루 90전을 받으며 일하던 사람이었습니다만, 내일부터 아내와 자식은 쌀을 구하기도 어렵습니다"라고 쓴 무기명 편지가 경찰에 접수되기도 했습니다. 그 밖에도 사람들은 '전쟁 중지', '먼저 식량을 달라'고 투서하며 불안과 분노를 드러냈습니다. 그러나 이모두는 '나라(덴노)를 위해'라는 말 한마디에 묻혔습니다. 조금이라도 다른 주장을 하면 '비국민'이라며 철저하게 탄압했습니다. 특별고등경찰은 치안유지법을 적용해 국민의 모든 자유를 짓밟았습니다. 1945년 치안유지법이 폐지될 때까지, 5만 2천여 명이 검거되어 사상 전향을 강요당하거나 고문으로 생명을 잃었습니다.

전쟁에 동원된 일본의 여성과 아이들

일본의 여성들도 전쟁에 동원되었습니다. 1929년에는 하마구치 수상이 여성 지도자들을 모아 군사비를 모으기 위해 소비를 줄이고 저축을 장려하는 국민운동에 협력할 것을 요청했습니다. 1932년에는 국방부인회가 결성되어 갓포기(긴 소매가 달린 일본식 전통 앞치마) 차림에 어깨띠를 두른 여성들이 전쟁터로 떠나는 병사를 환송하거나 전사한 병사의 가정에서 봉사 활동과 위문을 했습니다. 그리고 '사치는 적이다', '욕심내면 안된다. 이길 때까지는' 등의 구호를 내걸고 복장부터 머리 모양, 음식까지 엄격하게 제한했습니다.

전쟁 시기 갓포기 차림의
일본 여성들(왼쪽)

1941년 당시 일본의 교과서
(오른쪽) "군인 아저씨, 나아
가, 나아가, 따따, 따따따"라고
쓰여 있다.

　인간을 '자원'으로 여겼기에 여성 역시 그 '자원'을 많이 낳아 기르는
도구로 여겨졌습니다. 조기 결혼을 장려하고 아이를 다섯 이상 낳는 것
이 바람직하다고 선전했습니다. 10명 이상 낳으면 표창을 받았습니다.
전쟁 말기에는 결혼은 자신을 위해서가 아니라 나라를 위해서 하는 것이
라고 말할 정도였습니다.

　일본은 어린아이들도 전쟁에 동원했습니다. 1941년 4월부터 소학교
는 황국신민을 양성한다는 의미로 국민학교로 이름이 바뀌었고, 아이들
은 '어린 국민＝작은 황국신민'으로 불리며 덴노를 중심으로 하나의 세
계를 만들기 위한 '미래의 병사'로서 단련되었습니다. 이것은 당시 나치
독일의 제도를 흉내 낸 것이었습니다.

　《수신》 교과서에는, "일본은 신의 자손인 덴노 헤이카(폐하)를 정점으
로 세계 제일의 고귀한 나라"라고 적혀 있었습니다. 그리고 그런 '위대한
일본'이 "아시아 나라들을 서양 열강의 지배에서 해방시키고, 뒤떨어진
아시아 나라들을 덴노의 은혜로 올바른 방향으로 이끌기 위한 성스러운
전쟁을 하는 것"이라고 가르쳤습니다. 미술 교과서에 상상의 지하 요새
와 신무기 그림을 싣는 등 모든 교과서에 전쟁과 관련된 내용을 담았습니
다. 또한 학예발표회나 운동회에서 제1차 상하이사변● 때 폭탄을 안고

● 1932년 1월 28일 중국
상하이 국제 공동조계 주변
에서 중일 양군이 충돌한
사건으로, 같은 해 3월 일본
의 승리로 끝났다. 4월 29
일 일본군은 상하이 점령
기념식을 거행했는데, 이때
윤봉길이 폭탄을 투척했다.

전쟁에 동원된 일본 학생들
가운데 사진은 운동회 때 '육
탄 3용사'를 재현하는 어린
학생의 모습이며, 오른쪽 사
진은 군수공장에 강제동원된
여학생의 모습이다.

● 제1차 상하이사변 당시
'폭탄을 몸에 두르고 적의
철조망에 뛰어들어 장렬하
게 폭사한 3명의 용사'를 가
리킨다. 일본 정부는 이들
의 이야기를 대대적으로 선
전하여 전쟁 참여를 독려하
는 데 활용해왔다. 그러나
이는 당시 《아사히신문》 등
이 특종 경쟁과 미담 만들
기의 일환으로 꾸며낸 거짓
정보로, 2007년 《아사히신
문》은 이 기사가 조작된 것
이었음을 밝히고 사과문을
실었다.

●● 당시 식민지 조선의
학교에서도 이와 비슷한 훈
련을 했다.

적지로 뛰어든 3명의 용사를 극화한 '육탄 3용사'●를 무대에 올리는 등
전쟁을 미화하는 내용을 발표했습니다. 그 밖에 학교생활 가운데 궁성요
배와 군대식 행진도 있었고, 모의전쟁 등 군사 훈련도 실시했습니다.

일본 육군 기념일인 3월 10일에는 미국 대통령 루스벨트와 영국 수상
처칠의 얼굴 그림을 가마니에 붙여 교문 옆에 세워두고 등교하는 학생
에게 "찔러, 숨을 끊어라!"라고 하며 죽창으로 찌른 뒤 들어가도록 했습
니다.●● 또한, 전쟁 전 미국에서 보내온 '우정의 인형'을 적국의 인형이
라며 "미국인이라고 생각하고 때려 부숴라!"라는 교사의 명령에 따라
학생들이 죽창으로 찌르고 태워버린 학교도 있었습니다.

많은 남성이 전쟁터로 끌려가서 노동력이 부족해지자 아이들도 남녀
를 불문하고 일꾼으로 동원되었습니다. '근로봉사'라는 이름 아래 학교
를 떠나, 일손이 부족한 농가와 군수공장에서 강제노동을 했습니다.

도시에서는 방공호를 파고, 공습에 따른 화재를 막기 위해 건물 철거
작업을 하기도 했습니다. 작업 도중 폭격을 받고 목숨을 잃은 아이들도
많았습니다.

물자는 수탈, 조선인은 강제연행

중일전쟁이 본격적으로 시작되자 식민지인 조선에서도 전쟁 물자 수탈

1940년대 금속류 공출식
국민총력개정연맹 기념사진
으로, "구리나 철을 남기는 것
은 부끄러움을 남긴다", "결전
아래 금속류 공출을 앞장 서
서 실행하자"라는 표어가 걸
려 있다.

과 노동력 조달을 위한 강제연행이 이루어졌습니다. 조선총독부는 국민
정신총동원조선연맹을 발족하고, 그 밑에 10호 단위로 '애국반'을 만들
어 공출이란 이름으로 전쟁 물자를 철저하게 수탈했습니다. 학교 철문,
교회 종, 농기구, 가마솥뿐 아니라 놋그릇, 숟가락, 반지 따위도 거두어
갔습니다. 군인들의 식량을 위해 쌀을 비롯해 잡곡, 감자, 고구마, 소와
돼지 따위도 가져갔습니다. 그리고 기름을 마

미쓰비시 징용 노동자의 징
용 영장 1944년 9월 30일
에 발급된, 박해군(朴海君, 일
본 이름은 新本吉雄) 씨의 인
생을 바꾼 징용 영장이다. ❶
징용 장소: 히로시마 현 내 ❷
출두할 일시: 쇼와 19년 10월
4일 오전 9시, ❸ 출두할 장
소: 부산부 대창정 조선총독
부 도항보호사무소라고 자세
히 적혀 있다.

련하기 위해 소나무에서 송진을 채취하게 하는
등 전쟁에 필요한 것이라면 무엇이든 수탈했습
니다. 여기에 따르지 않는 사람은 경찰과 군인
을 동원하여 철저하게 탄압했습니다.

일본은 강제연행으로 조선인을 동원하여 부
족한 노동력을 조달했습니다. 1939년, 일본 기
업이 필요한 노동자 수를 조선총독부에 신청하
면 이를 지역별로 할당해 해당 지역의 일본인
경찰관과 신청 기업의 모집원이 연행해가는,

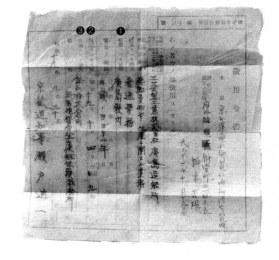

출정하는 자식을 떠나보내는 조선의 어머니

'모집'을 빙자한 강제연행이 시작되었습니다.

1942년에는 조선총독부 산하에 노동자의 알선·연행을 담당하는 협회를 만들어 강제연행을 하는 '관 알선' 방식을 동원했습니다. 총독부라는 행정기구의 책임 아래 노동자를 모집했기 때문에 일본 기업은 이전보다 짧은 기간에 더 많은 수의 노동력을 연행할 수 있었습니다.

1944년이 되어 더 많은 노동자가 필요해진 일본은 1939년에 제정한 국민징용령을 개정해 징용 대상자를 더욱 확대했습니다. 이에 따라 조선의 모든 젊은이는 징용 대상이 되었습니다. 징용을 거부하면 국가총동원법에 의해 징역이나 벌금에 처해지기 때문에 징용에 응할 수밖에 없었습니다.

강제연행은 전국적으로 이루어졌고, 강제연행된 이는 수백만 명이나 되었습니다. 이들은 조선 각지의 군수공장, 철과 석탄 등을 캐는 광산에 배치되거나 일본 등 해외로 연행되었습니다.

주로 인구가 많은 조선 남부 지역의 주민들이 일본으로 강제연행되었는데, 생활이 어려운 농민과 노동자가 많았습니다. 세력이나 재산이 있는 조선인은 연행하지 않았습니다. 대신 일제는 그들을 조선의 식민지 체제를 유지하는 데 이용했습니다.

일본으로 강제연행된 조선인 노동자는 주로 탄광·광산·토목·건축 현장에서 일했습니다. 일본어를 잘 모르는 상당수 농민들까지 토목 현장과 탄광·광산에 배치되었습니다. 지식이 필요한 공장 노동자로는 학교를 졸업한 사람들을 연행해 갔습니다. 그리하여 1945년까지 약 113만 명의 조선인이 일본 각 지역으로 강제연행되었습니다.

한편, 부족한 병력을 채우기 위해 수많은 조선인을 전쟁에 동원했습니다. 1938년에는 지원병 형태로 조선 청년들을 동원했고, 1943년에는 학도지원병제도를 실시하여 학생들까지 전쟁터로 끌고 갔습니다. 1944년에는 징병제를 실시하여 일본이 패전할 때까지 수십만 청년들을 강제로 징집했습니다.

전쟁의 가장 큰 피해자, 조선의 여성들

일제의 강제연행은 여성에게도 예외를 두지 않았습니다. 1944년 '여자정신근로령'을 만들어 12세 이상 40세 미만의 여성을 동원하여 강제로 일을 시켰습니다. '정신(挺身)'이란 자발적으로 몸을 내던져 봉사한다는 뜻이지만, 자발적으로 일본의 전쟁을 위해 일하는 조선 여성은 거의 없었습니다. 여성들은 도로·철도·비행장 등의 건설 공사와 군수공장, 광산, 항구 등에 동원되어 가혹한 노동을 강요받았습니다. 심야노동 금지 같은 노동 시간 제한이나 출산 휴가는 일본인에게만 허용되었고 조선인은 전혀 적용받지 못했습니다.

일본은 조선 여성들을 일본군 '위안부'●로 삼아 전쟁터로 데려가 성노예 생활을 강요했습니다. 1938년에 중국 난징을 점령할 당시 일본군에 약탈·폭행·학살·강간 등 온갖 범죄와 성병이 만연하자, 전력이 떨어질 것을 우려한 군부는 군의 사기를 진작한다는 명목으로 각지에 위안소를 설치했습니다. 당

● 2000년 도쿄국제여성법정에서는 이를 '일본군 성노예'로 정의했다.

애국반 회보 "으쌰 결전생활로"라는 구호 아래 일찍 일어나 출근하고, 음식 남기지 말고, 옷소매 폭을 줄여 옷감 낭비를 줄이고, 무지각·무결근하고, 옷을 기워 입고, 출장 갈 때는 각반(행전)을 준비하라는 내용이 적혀 있다. 이 애국반 회보는 조선총독부 시책을 최하위 행정단위인 주민조직에까지 전달하고 관철시키는 주요한 수단이었다.

시 조선인과 일본인 '위안부' 여성 104명을 군의관이 신체검사를 했다는 기록이 남아 있습니다.

'황군 위안부', '황군 장병에 보내는 선물'로 바람직한 것은 "조선 여자로, 게다가 젊을수록 좋다(15세 이하가 바람직하다)"라는 군의관의 보고에 따라 조선인 여성들이 '군수 물자'로 희생되었습니다.

직업 알선업자들은 "공장에 취직시켜준다"든가 "벌이가 좋은 일자리를 소개시켜준다"라며 조선 여성들을 속여서 일본군 '위안부'로 데려갔습니다. 일본군 '위안부'의 증언에 따르면 공무원과 경찰, 군인이 폭력적으로 납치한 경우도 있었다고 합니다. 대부분 10대의 젊은 여성으로 그중에는 11세 소녀도 있었습니다.

피해 여성에 대한 정확한 자료가 남아 있지 않아서 실태를 파악하기가 무척 어렵지만, 전쟁 중 끌려가 일본군 '위안부'로 희생당한 여성은 약 8

◉ 일본군 '위안부' 고 김순악 할머니의 증언

내 고향은 경산군 남천면이다. (중략) 그때까지는 친구들과 여럿이서 소 먹이러 다녔을 뿐 세상 물정은 전혀 몰랐다. 열일곱 살 때 실 푸는 공장에 직공을 모집한다는 말을 듣고 갔더니 젊은 여자들이 많이 있었다. 거기서 딴 데서 온 여자들과 합류하여 서울로 가서 기차를 타고 압록강을 건너 만주로 갔다. 가는 도중에 여자들을 일부 떼서 여기저기 보내기도 했는데, 필리핀이나 일본에 간다는 말을 들었다. 지자루(지치하루)에서 '위안소'에 있는 동안 '위안소'를 옮길 때마다 내 이름은 바뀌곤 했다. 사다코, 데루코, 요시코 등. 또 어디서는 마쓰다케라고 하여 소나무 송(松) 자, 대 죽(竹) 자를 쓴다고 가르쳐주기도 하였다. 손님들은 군인들뿐으로, 드문드문 왔으며 밤에 자고 가는 손님은 없었다. 그러나 주말에는 한 사람당 손님을 스무 명 내지 서른 명씩이나 받아야 했다. 장교와 사병들은 들어가는 데가 달랐다. 비상시에는 위안부들이 불려가 군인들의 주먹밥을 만들기도 했으며, 비행기가 떴다 하면 모두 방공호로 숨어야 했다.

―〈정신대 할머니와 함께하는 시민모임 증언 자료〉 중에서

고 김순악(1928~2010) 할머니가 2008년 여름 수요시위에 참가한 모습

고 김순덕(1921~2004) 할머니가 그린 〈끌려감〉
(나눔의집/일본군'위안부'역사관 소장)

만에서 20만 명으로 추정됩니다. 이 가운데 조선인 여성은 절반 이상으로 추정되고 있습니다.

일본으로 끌려가 위험에 내몰린 조선인

일본은 노동력이 부족할 때는 저임금으로 부릴 수 있는 조선인 노동자를 적극 이주시키고, 불경기가 되면 일본으로 건너오는 것을 제한했습니다. 일본에 연고가 없으면 이주할 수 없었지만 취업이나 강제연행 등으로 일본에 거주하는 조선인 수는 늘어갔습니다.

일본에 사는 조선인 노동자들은 주로 일본인이 일하지 않는 위험한 공사 현장에서 일했습니다. 《주고쿠신문》은 히로시마의 오도마리 댐 건설 공사 중 일어난 사고를 보도하며, 〈아이고 소리가 깊은 산속에 울려 퍼지다〉라는 제목의 기사를 실었습니다. "1934년 8월 다이너마이트가 갑자기 폭발하여 25명이 그 자리에서 죽어 생지옥 같았다." 사고가 난 이 공사 현장에 있던 노동자들은 대부분 조선인이었습니다. 다른 댐과 발전소에서도 사고가 많이 일어나 사망자가 끊이지 않았습니다. 현재 일본인의 생활에서 없어서는 안 될 철도, 도로, 댐, 전력, 상수도 등의 여러 시설은 많은 조선인 노동자의 피와 땀과 눈물로 만들어진 것입니다.

주고쿠전력주식회사에서 세운 오도마리 댐 위령탑과 위령비

이렇듯 가혹한 노동에 시달리던 조선인들은 견디다 못해 저항했습니다. 1932년 히로시마 현에서만 12건의 조선인 노동쟁의가 일어났습니다. 참가자 수가 671명에 이르렀는데, 이는 일본인이 일으킨 노동쟁의를 포함하여 히로시마 현 전체 노동쟁의 참가 인원의 58.2퍼센트

를 차지하는 규모였습니다.

조선인을 전쟁에 협력하게 만든 협화회

1931년 만주사변을 일으킨 일본 정부는 일본에 거주하는 조선인을 전쟁에 동원하고자 했습니다. 일본에 사는 조선인 단체를 통합하여 '협화회'라는 조직을 결성한 뒤 모든 조선인을 회원으로 등록시켰습니다. 협화회는 조선인을 감시해 도망을 방지하는 등 치안 유지와 조선인의 황민화를 목적으로 한 단체였습니다.

히로시마 현에는 1937년에 히로시마 현 협화회가 설립되었습니다. 협화회는 현의 지사가 회장을 맡고, 경찰과 공안경찰이 임원을 차지했으며, 경찰 조직과 같은 역할을 했습니다. 정작 회원인 조선인은 감시의 대상이었고 이들의 의견은 반영되지 않았습니다. 또한 회원을 보호한다는 명목으로 회원증을 발급했는데, 여기에는 '기미가요'와 '황국신민서사'가 적혀 있었습니다. 조선인은 협화회 회원증을 항상 몸에 지니고 다녀야 했습니다.

협화회는 조선인을 황국신민으로 만들기 위해 직접 교육에 나섰습니다. 조선인을 위한 간이학교를 만들어 도덕 교육이라는 이름으로 황국신민화 교육을 철저히 했습니다. 일본 매체는 협화회 활동을 보도하면서 전쟁 분위기를 더욱 부추겼습니다. 신문에는 〈목청 높여 기미가요를〉, 〈아름다운 내선융화〉 등의 제목을 붙인 간이학교 졸업식 기사가 실렸습니다. 그리고 조선인이 내는 국방헌금과 병역 지원 기사도 종종 실렸습니다. 일본인을 향해서는 조선인조차 전쟁에 협

협화회 회원증

력하는데 일본인이 협력하는 것은 당연하다는 의식을 심었습니다.

또한 협화회는 일본에 동화되기 위한 일상생활을 강요했습니다. 그 당시 밖에서 일하던 조선인 남성은 대부분 일본인과 같은 옷차림을 했지만, 조선인 여성은 일본인과 접촉이 적은 데다 조선인 마을에서 생활하고 있었기 때문에 대체로 한복을 입었습니다. 그러나 협화회는 일본 옷 착용을 권장하고 일본식 바느질을 연습시켰습니다. 전쟁 말기에는 아예 한복 착용이 금지되었는데, 협화회 간부가 한복을 입은 여성에게 먹물을 뿌린 일도 있었습니다. 하지만 조선인 가운데는 외출할 때는 일본 옷을 입고 집에 돌아오면 한복으로 갈아입거나, "일본 옷은 없다"라며 전쟁이 끝날 때까지 조선 옷으로 생활한 할머니도 있었습니다.

다음은 1940년 히로시마 시 오나가국민학교에서 협화교육을 위해 기초 조사한 내용의 일부입니다.

1. 황국신민의 서사를 낭독시켜 이를 이해하고 외우는 학생은 5·6학년이다. 4학년 이하는 일본인 아동에 비해 떨어진다.

3. 국기가 없는 가정은 4학년 이상에서는 41호 중 11호나 된다. 부끄러운 현상으로 조속히 부인회에서 지급할 것. 게양하는 사람은 아동이 대부분이고, 교육받은 젊은이가 그 뒤를 이었고, 부모는 대체로 무관심했기 때문에 학교 교육의 힘이 크다고 인정된다.

4. 신사 참배는 학교 행사를 제외하고는 아동·보호자 모두 전무하다. 따라서 제단 설치와 신사 참배를 강력하게 진행할 것.

—《히로시마 현사》(요약)

위의 사실로 미루어 학교 교육을 통해 황국신민화가 적극적으로 진행된 것을 알 수 있습니다.

● 미쓰비시 공장에 끌려간 조선인 징용 노동자

미쓰비시는 메이지유신 이후 정계와 결탁하여 성장한 재벌입니다. 처음에는 해운업으로 시작해 이후 석탄 산업과 중공업 부문으로 진출하여 군수 산업에도 참여했습니다. 1943년 히로시마에 군수공장을 건설한 뒤, 다음 해에 조선에서 개정된 '징용령'이 시행되자 만 21세 이상의 조선 청년 약 2,800명을 강제연행했습니다.

당시 조선 청년들이 받은 징용 영장에는 집합 장소와 시간이 적혀 있었는데, 징용 영장을 받자마자 바로 집합 장소인 학교나 면사무소로 끌려간 사람도 있었습니다. 신혼인 사람도 있었고, 아기가 막 태어난 사람도 있었습니다. 집합 장소에는 공무원과 경찰관이 나와 감시를 하고 있었고, 미쓰비시 사원은 "급료의 절반은 가족에게 송금한다. 도망가면 가족이 처벌받는다"라고 협박했습니다. 총을 든 군인의 엄중한 감시 속에 조선인들은 화물차에 실려 부산까지 가서 히로시마로 끌려갔습니다.

조선인 징용 노동자들은 숙소에서 공동생활을 했습니다. 주위는 철조망으로 둘러싸이고 감시탑이 있어서 도망은 불가능했습니다. 일도 익숙하지 않은데, 중노동에 시간도 길었고 잔업도 자주 있었습니다. 형편없는 식사를 하며 모두 배를 곯았습니다. 어떤 때는 상한 음식이 나와서 항의를 하자, 경찰이 출동해 징용 노동자 몇 명을 체포한 일도 있었습니다. 어려운 가운데서도 조선의 독립을 요구하며 활동하다 구속된 징용 노동자도 있었습니다.

임금은 지불되었지만 매월 급여에서 가족 송금분을 회사에서 먼저 강제로 떼어내는 바람에 조금밖에 받지 못했습니다. 그러나 회사에서는 징용 노동자의 월급을 가족에게 송금하지 않았고, 강제로 저축한 돈도 돌려주지 않았습니다. 전쟁이 끝나가던 1945년에는 7, 8월분의 급여를 아예 받지도 못했습니다. 징용 노동자의 징용 기간은 원래 1년이었습니다. 그런데 노동자의 의사와 상관없이 회사의 일방적인 통보로 계속 연장되었습니다.

호국신사에 강제 참배하는 미쓰비시 징용 노동자들 강제연행되어 히로시마에 도착한 미쓰비시 징용 노동자들은 호국신사에서 황국신민의 맹세를 강요당했다.

● 고보 댐 공사에서 희생된 징용 조선인

히로시마 현 북부 산간 지방에 위치한 고보 댐 제방 근처에는 추도비가 세워져 있습니다. 고보 댐을 건설할 때 희생된 조선인을 기리기 위한 비석입니다. 한국에서 가져온 돌로 비석을 만들었으며, 비석의 위치도 한국 쪽을 향하고 있습니다.

중일전쟁이 한창일 때 일본에서는 전력 부족 문제를 해소하기 위해 고보 댐 건설을 시작했습니다. 주로 조선에서 강제연행되어 일본으로 끌려온 사람들이 공사에 동원되었습니다. 이들은 국방옷이라는 단체복을 입어서 '집단'으로 불렸으며, 집단 내에서 개개인은 이름 대신 번호로 불렸습니다. 노동시간은 주야 2교대로 하루 12시간이었고, 다이너마이트를 장치하는 가장 위험한 일을 맡았습니다.

임금은 일본인의 절반 이하인 데다 저축을 해준다는 명목으로 현금을 주지도 않았습니다. 또한 조선인들에게 항상 휴대하도록 강요한 협화회 수첩도 지급하지 않았습니다. 숙소에는 출입구가 하나밖에 없었습니다. 도망가지 못하게 할 속셈이었습니다. 중앙 통로를 사이에 두고 양쪽으로 잠자리를 나누었는데, 침구라고는 맨땅에 거적 두세 장을 깐 것이 전부였고, 낮에 일한 복장 그대로 자야 했습니다. 음식은 허술한 데다 양도 부족했는데 보리밥이나, 수수나 쌀에 콩껍질을 섞은 것이 전부였습니다.

강제연행된 조선인들은 댐 건설 경험이 전혀 없는 사람이 대부분이었습니다. 심지어 그들 중에는 15, 16세쯤 된 소년도 끼여 있었습니다. 조선인들은 조금이라도 우물쭈물하면 맞기 일쑤였습니다. 궤도화차가 폭주하여 앞의 화차와 충돌하면서 눈이 튀어나와 사망하거나 콘크리트를 붓는 장치를 수리하다 추락해 사망한 사고도 있었습니다. 고보 댐 제방 안에서 조선인 노동자가 선 채로 죽어가고 있다는 소문이 현지인들 사이에 떠돌 정도였습니다.

한국 천안의 '망향의 동산'에는 아시아·태평양전쟁 때 강제연행되어 희생된 무연고자의 합장묘가

고보 댐 1930년대 말 중일전쟁 당시에 건설 중인 고보 댐 전경으로, 앞에 보이는 건물이 강제연행된 조선인 노동자들이 식사를 하던 간이식당이다.

있습니다. 2003년 히로시마의 뜻있는 일본인들이 만든 '고보 댐 강제연행을 조사하는 모임'에서 이곳에 사죄비를 세웠습니다. 이 비에는 다음과 같이 쓰여 있습니다.

사 죄

1940년 3월 15일, 일본국 히로시마 현 히바 군 다가노초 고보에 있는 일본발송전주식회사(현 중국*전력주식회사)와 우쿠라 구미에 의해, 당시로서는 중국* 지방 최대의 '고보 댐' 기공식이 거행되었습니다.

건설 공사는 1949년 12월까지 약 십여 년에 걸쳐 완성되었으며, 그간 1940년 여름부터 가을에 걸쳐 약 4,000명에 이르는 한반도 출신 노동자들이 인간성을 유린당하고, 가혹한 노동을 강요당했습니다.

노동자들은 머나먼 조국에 망향의 염원을 안고 살아가면서 병으로 죽기도 하고, 댐 제언(堤堰)의 콘크리트 속에 귀중한 목숨이 매장되기도 하였습니다.

우리는 이러한 강제연행·강제노동의 사실을 조사함과 동시에, 댐 주변의 산과 들에 버려진 희생자의 유골을 발굴해왔습니다.

이에 우리 일본인이 저지른 강제연행·강제노동의 비인간적인 행위를 속죄하는 뜻으로, 1910년 8월 22일 식민지 지배를 강요한 지 93년이 지난 오늘 대한민국 국립 망향의 동산에 사죄비를 건립하게 되었습니다.

2003년 8월 22일

일본국 히로시마 현

'고보댐강제연행을 조사하는 회'

* 중국은 일본의 '주고쿠'를 일컫는다.

일본에는 이 같은 활동을 하고 있는 사람들이 히로시마 말고도 여러 곳에 있습니다. 홋카이도 슈마리나이 댐에도 '생명의 존엄을 깨달아 민족의 화해와 우호를 염원하는 상'이 세워져 있습니다. 이는 이 댐을 짓기 위해 조선에서 끌려와 강제노동으로 희생된 분들의 유골 반환 운동을 펼치고 있는 지역 주민들이 세운 동상입니다.

사죄비 '망향의 동산'에 일본인이 세운 사죄비로, 앞면에는 한국어로, 뒷면에는 일본어로 쓰여 있다.

◉ 히로시마의 재일 조선인 이야기

— 히로시마 조선학교 전 교장 고 려상호 씨를 직접 인터뷰한 내용입니다.

나는 1935년 일본에서 태어났습니다. 경상북도 출신인 아버지는 마차와 짐수레를 사용해서 일본제강소 히로시마 공장에서 선철을 운반하는 일을 하고 있었습니다. 우리가 살던 조선인 마을은 논과 포도밭 등이 있는 낮은 지대였는데, 우리 가족은 그곳에서 판잣집을 빌려 살았습니다. 1940년대가 되면서 조선인 징용 노동자들이 일본제강소로 끌려왔습니다. 그들은 우리가 수용소라고 부르는 기숙사에 들어갔습니다. 그곳의 식사는 몹시 부실하여 언제나 배가 고팠습니다. 그래서 우리 동포들이 밥을 지어주기도 했습니다. 우리 집에도 조선에서 재봉사로 일하다 끌려온 20대 청년이 왔었는데, 그 청년이 은혜를 갚는다며 와이셔츠를 만들어준 일을 기억하고 있습니다.

소학교 시절 죽은 병사들의 위패가 돌아오면 역 앞에 일렬로 나란히 서 있던 모습이 기억에 남습니다. 어렸기 때문에 오랜 시간 기다리는 동안 몸을 꼼지락거리며 움직이곤 했습니다. 하루는 학교로 돌아온 뒤 선생님이 "너희들 태도가 나빠"라고 하며 운동장을 스무 바퀴나 돌게 한 적도 있었습니다.

학교에서는 전쟁에 이기는 것, 단지 그것만을 가르치던 시대였습니다. 힘든 일만 있었습니다. 그렇지만 설이나 추석 때는 학교를 쉬고 모두 근처의 조선인 동포에게 인사하러 갔습니다. 나의 민족의식은 그때 싹텄습니다.

그 후 전쟁이 심해지자 나는 숙부 집에 피난 가서 살았는데, 아버지가 나를 데리러 왔습니다. 그때가 1945년 8월 6일 아침이었습니다. 히로시마로 돌아가는 도중 히로시마에서 나오는 열차를 봤는데 말 그대로 생지옥이었습니다. 원자폭탄이 히로시마에 떨어진 날이었습니다. 두 번 다시 이런 전쟁이 일어나서는 안 된다고 생각합니다.

8월 15일 전쟁이 끝난 것을 알았습니다. 어른들은 매우 기뻐했습니다만, 나는 일본이 졌다는 것이 슬퍼서 어찌할 수 없었습니다. 지금 생각하면, 불과 몇 년밖에 받지 않은 학교 교육이 조국의 해방보다도 일본이 패했다는 사실에 더 분함을 느끼도록 만들었던 것입니다.

3장

서로 다른 길을 간 사람들

1. 일본제국주의에 협력한 조선인

침략 정책에 가담한 '친일반민족행위자'

자신의 이익을 위해 일본제국주의의 침략 정책에 가담해 민족과 나라를 배반한 사람들을 '친일반민족행위자'라고 합니다. 러일전쟁 당시 일본을 위해 통역 활동을 한 대가로 훈장을 받은 사람들이 친일반민족행위자의 시작이었습니다. 그들은 친일 단체를 만들어 조선인들이 일본의 침략에 저항하지 않고 협력하도록 앞장섰습니다. 그 후 을사조약과 병합조약을 맺을 때 귀족의 지위와 고액의 금품을 받고 일본 정부에 협력한 관료들도 친일반민족행위자입니다.

조선이 식민지가 된 후, 중추원 의관을 비롯한 조선총독부의 고관으로 고액의 봉급과 각종 특혜를 받은 사람들, 독립운동을 탄압한 사람들도 친일반민족행위자입니다. 1931년 이후, 일본이 대륙 침략을 본격화할 때 선두에 서서 황국신민화에 앞장서고 전쟁을 옹호한 사람들도 친일반

민족행위자에 속합니다. 이들은 교육·문화·예술 분야의 유명한 사람들로서 전국을 돌면서 조선의 청년들에게 죽음의 전장에 나가라고 선동했습니다. 그들은 창씨개명도 솔선했습니다.

대구의 친일반민족행위자

대구에도 친일반민족행위자로 비난받은 사람들이 있습니다. 관료인 박중양도 그 가운데 한 사람입니다. 그는 도쿄에서 열린 러일전쟁 승리를 축하하는 자리에 대구 부사의 수행원으로 참가했다가 이토 히로부미의 눈에 들어 출세의 길로 들어선 인물입니다. 이토의 추천으로 1906년 대구 군수가 되어 일본인이 대구의 상권을 손에 넣는 데 협력했습니다.

박중양 1874년에 태어나 일본으로 국비 유학을 다녀온 후 러일전쟁 당시 통역관으로 참전했으며, 이후 이토 히로부미의 신임을 얻어 친일 출세의 길을 걸었다.

3·1독립운동이 일어나자, 박중양이 중심이 되어 '만세운동을 스스로 삼간다'라는 의미를 지닌 자제단을 만들어 3·1독립운동이 확산되지 않도록 막았습니다. 그리고 다른 지역으로 자제단을 확대시켜 만세운동의 지도자를 밀고하는 활동을 지휘했습니다. 덕분에 그는 조선인으로는 최고 관직인 중추원 부의장까지 올랐습니다. 아시아·태평양전쟁● 때에는 선두에 서서 조선의 젊은이들이 전쟁에 나가도록 선동했을 뿐 아니라 싱가포르 전선의 일본군을 위문하러 가기도 했습니다. 해방 후 '반민족 행위자 처벌을 위한 특별법(반민법)'에 의해 재판에 회부되었지만 별다른 처벌도 받지 않고 풀려났습니다.

● 아시아·태평양전쟁(Asia -Pacific War, 1941~1945)은 제2차 세계대전 시기에 일본과 연합국 사이에 벌어진 전쟁을 일컫는다. 일본에서는 대동아전쟁 또는 15년 전쟁이라고도 부른다.

독립운동가를 체포, 투옥하는 경찰관도 있었습니다. 대구와 경북에서 활동한 대표적인 친일 경찰관으로 최석현이라는 사람이 있습니다. 그는 경찰로 30년 남짓 일했는데, 그 가운데 17년간을 고등계 형사로 활동하면서 독립운동과 항일 세력을 감시하고 탄압하는 데 앞장섰습니다. 이러한 공적으로 1942년 조선인으로는 맡기 어려웠던 고등경찰 과장의 자리까지 올랐고, 해방 직전에는 지방자치단체장인 영월 군수가 되었습니다. 해방 후에는 신변을 감추는 바람에 처벌을 받지 않았습니다.

2. 일본제국주의에 저항한 일본인

조선인을 도운 후세 다쓰지

일본인으로서 조선의 독립운동을 위해 활동하기는 쉽지 않았습니다. 하지만 수는 적어도 그런 일본인이 있었습니다. 대표적인 사람이 후세 다쓰지입니다.

후세 다쓰지는 대학에서 법률을 공부했는데, 졸업할 때 〈조선 독립운동에 경의를 표한다〉라는 논문을 썼습니다. 1919년 2월 8일, 도쿄의 YMCA 강당에서 독립선언서를 발표한 조선인 유학생들 가운데 60여 명이 검거되어 9명이 재판을 받았습니다. 이때 후세 다쓰지는 2심부터 자원하여 보수도 받지 않고 그들의 변호를 맡았습니다. 그는 "조선인 학생들의 독립운동은 정당하다. 민족자결주의가 퍼지고 있는 이때에 이들을 처벌한다면 일본은 세계의 웃음거리가 될 것이다"라고 변호했습니다.

후세 다쓰지

1923년에는 조선에 건너와 조선 최초의 근대적 인권운동인 형평사 운동에도 참가했습니다. 간토대지진이 발생했을 때는 일본의 조선인 학살에 대한 사죄와 책임을 통감한다는 글을 발표했습니다.

1924년에는 도쿄의 황궁 앞에 놓인 다리 니주바시에 폭탄을 던진 조선인 김지섭의 변론을 맡았습니다. 게다가 1926년에는 덴노와 황족 암살 혐의로 체포된 조선인 박열과 일본인 가네코 후미코의 변호인이 되었습니다. 후세는, 일본의 재판정에서 조선해방운동의 정당성을 논하며 조선인의 긍지를 걸고 자신의 생각을 피력하는 박열을 지원했습니다.

그는 조선과 타이완에서도 독립운동과 노동운동, 농민운동에 깊이 관여하며 탄압을 받았습니다. 그러나 그는 언제나 인간답게 살고자 하는 사람들과 함께했습니다. 군국주의자들에게 두 번이나 생명의 위협을 받았으며, 변호사 자격이 취소되기도 했지만 민중의 편에 서려는 삶의 지표를 바꾸지 않았습니다. 2004년 조선인의 인권과 독립운동을 지원한 그의 공로를 인정한 한국 정부는 최초로 일본인을 독립유공자로 선정하여 건국훈장을 수여했습니다.

가네코 후미코와 박열

조선인 민족운동가인 박열의 동지이자 아내인 가네코 후미코는 1923년 박열과 함께 대역죄로 체포되어 1926년 일본 재판정에서 사형을 선고받았습니다. 그 후 가네코 후미코는 옥중에서 갑작스레 생을 마감했습니다. 박열은 22년 9개월이라는 최장의 수감 기록을 세우고, 1945년 10월 44세의 중년이 되어 석방되었습니다.

가네코 후미코는 어릴 때부터 배움에 관심이 컸습니다. 그러나 그녀의 아버지는 "여자에게 공부는 필요 없다"라며 학교에 보내지 않았습니다. 가네코가 9세였을 때 그녀의 아버지는 식량을 아끼기 위해 조선에 사는 친척에게 그녀를 양녀로 보냈고, 15세가 되자 재산을 목적으로 결혼을 강요했습니다.

가정에서 권력자였던 아버지를 보며 그녀가 느낀 것은 권력을 가진 자에 대한 분노였습니다. 지배자와 피지배자, 남과 여, 재산가와 노동자, 그 사이에 행해지는 수탈과 착취를 그녀는 똑똑히 보았습니다. 가네코는

사회주의 사상과 만나면서 자신이 왜 항상 학대를 받아왔는지 이해했습니다. 그래서 권력을 가진 자들이 떠받드는 덴노제에 반대했습니다.

그때 가네코는 조선인 민족운동가 박열을 만났습니다. 박열은 조선에서 일본으로 건너와 일본 사회에서 학대와 차별, 착취를 받고 있는 동포의 참상을 보며 민족해방운동을 추진했습니다. 당시 일본의 모든 사회운동은 일본 덴노를 중심으로 한 국가 체제를 흔드는 것으로 간주되어 심한 탄압을 받았습니다. 그런 가운데 박열과 가네코는 조선인에 대한 차별적 호칭인 '불령선인(후테이센진)'이란 말을 비꼬아 《살찐 선인(후토이센진)》이라는 제목으로 소책자를 출판했습니다. 이 잡지에서 박열은 일본 사회에서 '불령선인'이라며 멸시당하는 조선인이 "정말 불령한 무리인가, 아니면 자유의 염원으로 불타고 있는 살아 있는 인간인가! 우리 처지와 닮은 일본인 노동자에게 묻노라"라고 적었습니다. 이렇듯 박열은 민족을 초월한 노동자의 연대를 호소했습니다. 또한 수평사와 형평사에 대해서도 "같은 민족 안에 차별이 존재하고 있고, 어떻게 하면 사회혁명이 가능할까?"라는 질문을 던지며, 민족과 신분을 초월한 공동전선을 구축하자고 호소했습니다.

4장

조선인, 독립을 위해 싸우다

1. 3·1독립운동과 대한민국 임시정부

조선에 울려 퍼진 만세 소리

한국병합 이후 조선에서 공개적인 항일 활동을 펼치기 어려워진 조선의 독립운동가들은 비밀 조직을 결성하여 활동을 이어가거나, 만주와 연해주·미주 등지로 이주하여 독립운동의 근거지를 마련하고, 독립군을 양성하는 데 힘을 기울였습니다.

한편, 사회주의 국가인 소련은 조선과 같은 식민지 국가들의 독립운동을 지원하겠다고 선언했으며, 윌슨 미국 대통령도 민족자결주의를 발표했습

> **민족자결주의**
>
> 제1차 세계대전 중 전후 문제를 해결하기 위해 윌슨이 제안한 14개조의 평화 원칙 가운데 하나입니다. '각 민족은 그 정치체제를 스스로 결정할 권리를 가지며, 다른 민족이나 국가의 간섭을 인정하지 않는다'라는 이 원칙은 당시 강대국의 지배를 받던 식민지 국가에게 독립에 대한 희망을 주었습니다. 그 결과 제1차 세계대전 패전국이었던 독일, 오스트리아 등의 식민 지배를 받았던 국가들은 독립했습니다. 하지만 전승국의 식민지에 대해서는 거의 적용되지 않았습니다.

3월 1일 덕수궁 앞에 모인 사람들　태극기를 들고 거리에서 독립 만세를 외치는 학생과 시민의 모습이다.

니다.

　이 소식을 전해들은 해외에 있던 독립운동가들은 대표단을 국제회의에 파견하여 조선의 독립을 호소했으며, 조선에서도 독립에 대한 의지를 세계에 알리기 위해 만세 시위를 계획했습니다.

　1919년 1월 21일, 고종이 갑자기 승하하자 일본이 독살한 것이라는 소문이 돌았습니다. 조선인은 이에 크게 격분했습니다. 일본 도쿄에서는 조선인 유학생들이 모여 일본과 국제사회에 조선 독립을 청원할 것을 결의하고 독립선언서를 발표했습니다(2·8독립선언).

　국내에서도 종교계 지도자들과 학생 대표들이 비밀리에 모여 독립선언서를 작성하고 태극기를 제작하며 만세 시위를 준비했습니다. 1919년 3월 1일, 경성과 평양 등 주요 도시에서 만세 시위를 일으켰습니다. 같은 시각 독립선언서에 서명한 33명 중 29

독립선언서의 내용

우리는 여기에 우리 조선이 독립된 나라인 것과 조선 사람이 주인임을 선언하노라. 이것을 세계 모든 나라에 알려 인류가 평등하다는 큰 뜻을 밝히며, 이것을 자손만대에 일러 우리 민족이 독자적으로 생존할 정당한 권리를 영원히 누리게 하노라. (후략)

명이 경성에 모여 독립 선언을 했습니다.

　많은 학생과 시민이 모여 독립선언서를 낭독하고, 태극기를 휘날리면서 만세 시위에 참가했습니다. 이날 경성과 평양에서만 50만여 명이 모였습니다. 만세 시위는 도시뿐 아니라 농촌으로 확산되어 전국 각지에서 일어났고, 해외에 사는 조선 동포들에게까지 이어졌습니다.

　상인은 날을 정해 가게 문을 닫고, 노동자는 파업을 하며 시위에 참가했습니다. 농민은 시장이 열리는 날에 시위를 벌였습니다.

　초기에는 평화 시위를 했습니다. 그러나 일본군과 경찰이 잔혹하게 탄압하자 사람들은 곡괭이, 낫, 도끼 따위를 들고 일본 경찰서와 관공서를 공격했습니다.

　일본군의 탄압은 날이 갈수록 가혹해져 화성 제암리에서는 일본군이 주민들을 교회에 모아놓고 포위한 채 건물에 불을 붙였습니다. 불길을 피해 빠져나오려는 사람은 무참히 사살했습니다. 결국 마을 주민 23명이 학살당했습니다.

　만세 시위는 두 달간 계속되었습니다. 전국에서 200만 명 넘게 참가했는데, 그 가운데 7,500여 명이 살해되고, 1만 6천여 명이 부상, 4만 6천여 명이 체포되었습니다. 일본에서는 조선인이 폭동을 일으켰다고 짤막

열사 유관순

유관순(1902~1920)은 이화학당 재학 중, 16세의 나이로 3·1독립운동에 참가했습니다. 모든 학교에 휴교령이 내려지자, 고향 천안으로 내려가 만세 시위를 주도하다가 일본 경찰에 체포되었습니다. 그녀는 재판정에서 "나는 당당한 대한의 국민이다. 대한 사람인 내가 일본의 재판을 받을 필요도 없고, 일본이 나를 처벌할 권리도 없다"라고 말했습니다. 법정 모욕죄까지 포함되어 7년형을 선고받았습니다. 수감 중에 심한 고문으로 사망했습니다.

하게 보도했습니다. 그러나 3·1독립운동은 중국의 5·4운동에도 영향을 미쳤습니다.

　3·1독립운동으로 조선인들은 독립에 대한 의지를 더욱 굳건히 했습니다. 이후 각계각층에서 다양한 독립운동을 전개했습니다. 독립운동을 지휘할 조직의 필요성을 절감한 독립운동가들은 경성, 상하이, 연해주에 임시정부를 각각 수립했습니다. 또한 군대를 양성하지 않으면 일본군에 대항하여 독립을 이루기가 힘들다고 생각한 사람도 늘어났습니다.

대구의 3·1독립운동

경성과 평양에서 일어난 만세 시위를 전해들은 대구의 기독교 지도자들과 학생들은 1919년 3월 8일을 시위일로 정하고 준비에 들어갔습니다. 학생들은 학교 지하실에서 독립선언서를 등사하고, 태극기는 각자 만들어 오기로 했습니다. 시위를 벌이다 잡혀 감옥에서 죽을 수도 있으므로 신변을 정리하고 고향의 부모에게 편지를 보낸 학생도 있었습니다.

　3월 8일 정오 무렵 학생들이 서문시장에 모여들기 시작했습니다. 학교의 감시를 피하기 위해 남학생은 상인 차림으로, 여학생은 바구니를 들고 물건을 사는 주부 차림을 하고 왔습니다. 교복 차림으로 동참하려던 학생들은 민가에 숨어 만세 소리가 들리면 달려나갈 준

아버지가 아들을 위해 세운 묘비

김태련

김용해

기미년 3월,
흘러넘친 의로운 피,
아비의 고된 품삯으로
아침 해 바라보며 이 돌을 세운다.

이 글은 3월 8일 대구에서 만세 시위를 주도하던 아버지(김태련)를 지키려다 경찰에게 맞아 죽은 아들(김용해)의 무덤 앞에 세워진 비석 글입니다. 아버지는 시위로 2년 6개월의 옥살이를 마치고 받은 품삯으로 아들의 묘비를 세웠습니다. 현재 이 묘비는 대구 신암선열공원에 있습니다.

비를 했습니다.

시위 준비를 주도했던 목사가 재빨리 가마니가 쌓인 달구지 위에 올라 독립선언서를 낭독하자 흩어져 있던 학생과 시민 들이 모여 "대한 독립 만세"를 외치기 시작했습니다. 학생들은 준비해온 독립선언문을 뿌렸습니다.

커다란 태극기를 펄럭이며 행진을 시작하자, 금세 시위 군중은 1천여 명으로 늘어났습니다. 총독부는 대구 헌병대와 보병 연대를 동원하여 총검으로 진압했습니다.

대구에서 일어난 시위는 경북 전역으로 퍼졌습니다. 3월 23일 밤 안동에서 일어난 시위에서는 일본군의 발포로 13명이 사망하고, 20여 명이 부상했습니다. 어느 지역에서나 시위가 격렬했고, 많은 사상자가 발생했습니다. 대구·경북에서 시위는 5월 초까지 계속되었고, 총 108회의 시위가 있었습니다.

대한민국 임시정부를 수립하다

1919년 9월, 조선의 독립운동가들은 조직적인 독립운동을 전개하기 위

임시정부와 임시의정원 기념사진(1921년) 앞줄 왼쪽에서 세 번째가 김구, 둘째 줄 왼쪽에서 여섯 번째가 이동휘, 일곱 번째가 이승만, 열한 번째가 안창호이다.

독립운동의 지도자 김구

김구(1876~1949)는 1894년 700명의 농민을 이끌고 동학농민운동에 참가했습니다. 그 뒤 교육계몽운동, 을사조약 무효 투쟁, 신민회 활동 등을 벌였습니다. 1919년 3·1독립운동을 주도하다가 상하이로 망명하여 대한민국 임시정부에서 주석 등 중요한 직책을 두루 지내며 독립운동을 했습니다. 1945년 해방 후에는 한국으로 돌아와 자주적인 통일정부 수립을 위해 힘썼습니다.

해 국내외에 수립된 여러 임시정부를 상하이에서 하나로 통합했습니다.●
상하이는 일본의 영향력이 미치지 않았고, 국제도시로서 외국 대사관이 많이 있었으므로 외교 활동을 하기에 적합했습니다.

대한민국 임시정부는 남녀나 빈부의 차별이 없고, 모두가 평등한 민주 공화제 헌법을 제정했습니다. 임시정부는 대통령을 중심으로 한 국무원, 오늘날 국회에 해당되는 임시의정원, 그리고 법원을 두어 한국 역사에서 처음으로 삼권분립체제를 갖추었습니다.

임시정부는 조선에 비밀 행정 조직을 두어 독립운동을 지도하고, 독립운동 자금을 모금하거나 정보를 수집했습니다. 또한 기관지인 《독립신문》을 발행하여 독립운동 소식을 나라 안팎에 전했습니다.

독립에 유리한 국제 여론을 불러일으키기 위해 외교 활동에도 힘을 기울였습니다. 파리강화회의에 대표를 파견하여 독립청원서를 제출하고, 미국에 조직을 두어 국제연맹이나 각종 국제 평화회의에서 조선의 독립을 호소했습니다.

임시정부는 군사 활동을 준비하는 데도 힘을 기울여 상하이에 무관학교를 세워 장교를 양성했고, 무장 부대도 창설했습니다.

● 현재 한국은 1919년 4월 상하이 임시정부가 수립된 날을 대한민국 임시정부 기념일로 삼고 있다.

2. 사회운동과 학생운동

이념의 차이를 뛰어넘은 연대 투쟁

3·1독립운동 후 조선인들은 민족의 독립을 목표로 수많은 단체를 조직하여 활동했습니다. 조선 안팎에서 조직된 단체를 크게 나누면 민족주의 세력과 사회주의 세력이 있었습니다.

민족주의자들은 조선의 독립이 최우선 과제임을 강조하며, 일본에 대적할 정도로 실력을 기르는 것이 무엇보다 중요하다고 주장했습니다. 이들은 조선 상품 애용 운동, 조선 기업 육성 운동, 대학 설립 운동, 조선어 보급 등을 전개했습니다.

사회주의자들은 독립과 계급해방을 동시에 추구해야 한다고 주장했습니다. 지주나 자본가에 맞서 노동자, 농민의 권리를 지키는 것이 중요하다고 생각하여, 소작쟁의와 노동쟁의를 지도하기도 했습니다. 또한 독립한 후에는 노동자와 농민이 잘사는 국가를 세워야 한다고 강조했습니다.

국내와 만주, 중국 관내 등지에서 활동한 이들 독립운동 세력은 사상적으로는 대립했지만 독립을 위한 투쟁에서는 서로 협력했습니다.

국내에서는 일부 민족주의 세력이 일본의 식민지 지배를 인정하고 그 안에서 정치활동을 하자는 자치론을 주장했습니다. 하지만 절대 독립을 주장하는 민족주의자들은 자치론자를 비판하고, 사회주의자와 협력하려는 움직임을 보였습니다.

1926년 6월 10일 순종의 장례식에 맞추어 사회주의자들이 전국적인 대규모 만세 시위를 계획했는데, 여기에 민족주의자들도 함께했습니다. 사전에 정보가 새어나가 시위를 준비하던 사회주의자들이 대부분 검거되었으나, 학생이 중심이 되어 경성을 비롯한 전국에서 시위가 전개되었습니다(6·10만세운동).

6·10만세운동을 계기로 민족주의와 사회주의 세력은 서로의 차이를 인정하면서도 독립을 위해서는 협력해야 한다는 인식을 갖기 시작했습니다. 1927년 1월 19일, 민족주의자와 사회주의자 들은 서로 협력해서 최대의 항일운동 단체인 신간회를 조직했습니다. 신간회는 경성에 본부를 두고 전국 각지에 141개 지회를 두었는데, 청년·농민·노동자 등 4만여 명이 가입했습니다. 신간회 대구지회에는 200여 명의 회원이 모였습니다. 대구지회는 순회 강연회를 열고 노동야학교를 설립하는 등 민중 계몽 활동을 벌였습니다. 또한 농민운동과 노동운동, 청년운동 등을 지원하면서 대중운동을 지도했습니다.

신간회 창립총회 관련 기사

신간회는 1929년 11월 광주에서 학생운동이 일어나자 곧바로 조사단을 파견했습니다. 또한 이를 전국에 알리면서 대규모 민중대회를 계획했습니다. 그러나 사전에 계획이 발각되어 경찰의 탄압으로 실행되지는 못했습니다.

신간회의 항일 활동에 위협을 느낀 일본은 신간회를 탄압했습니다. 회원들을 감옥에 가두고, 총회를 비롯하여 관련된 모든 회의를 금지했습니다. 일본의 탄압과 조직 내의 분열로 활동이 어려워지면서 신간회는 해산을 결정했습니다.

학생들의 항일 시위와 동맹휴업

식민지 조선의 학교에서는 대부분 일본인 교사가 수업을 했습니다. 일본어로 이루어지는 수업은 이해하기 어려웠고, 일본 학생과 똑같은 잘못을 해도 조선 학생은 더 무거운 벌을 받았습니다. 벌을 받은 조선인 학생은 상급학교에 진학할 자격을 잃는 경우도 있었습니다. 그래서 도중에 학교를 그만두는 학생이 많았습니다. 졸업을 해도 취직하기 어려웠고, 취직을 하더라도 같은 직장의 일본인보다 낮은 임금을 받는 등 차별이 이어졌습니다. 조선인 학생들의 일본에 대한 저항 의식은 나날이 커져갔습니다. 이에 학생들은 비밀 모임을 만들어 독립 의식을 키워나갔습니다.

1929년, 광주의 통학 열차 안에서 일본인 남학생이 조선인 여학생을 희롱하자 이를 저지하려는 조선인 남학생과 일본인 남학생 사이에 싸움이 일어났습니다. 그런데 현장에 달려온 일본 경찰은 조선인 남학생만 체포하여 투옥했습니다.

이 사실이 알려지자 11월 3일 광주 지역 학생들은 '민족 차별 중지, 식민지 교육 철폐' 등의 구호를 내세우며 대규모 항일 시위와 동맹휴학을

광주항일학생운동을 보도한 《조선일보》 기사 경찰이 투쟁에 가담한 학생들을 구속하자, 광주 학생 전체가 들고일어났으며 시민들까지 가세했다.

일으켰습니다. 시위와 동맹휴학은 순식간에 전국으로 퍼졌고, 보통학교(지금의 초등학교)를 다니던 학생들까지 동참했습니다. 운동을 주도한 이들은 각 학교와 지역 단위의 비밀 모임에서 활동하던 학생들이었습니다.

이듬해 3월까지 계속된 운동에는 전국에서 194개교, 5만여 명의 학생들이 동참했습니다. 그중에서 582명은 퇴학, 2,330명은 무기정학 처분을 받았고, 1,462명은 투옥되었습니다(광주항일학생운동).

오늘날 한국에서는 이날을 잊지 않기 위해 11월 3일을 학생독립운동 기념일로 정하여 다양한 행사를 마련하고 있습니다.

3. 무장 독립운동

파괴와 암살을 통한 무장투쟁

3·1독립운동 후, 조선이 일본으로부터 독립하기 위해서는 더 강력한 방법과 조직이 필요하다고 생각하는 사람들이 등장했습니다. 이들은 일본의 식민통치 기구를 파괴하고, 일본군 장교와 행정 관료 등 조선을 침략

의열단 단장 김원봉

김원봉(1898~1958)은 의열단을 조직하고 활동하던 중 독립군 양성학교에 입학했으며, 졸업 후에는 조선의용대를 창설했습니다. 이후 의용대 일부를 이끌고 대한민국 임시정부에 합류하여 광복군 부사령관으로 활동했습니다. 해방 후 건국 활동을 하다 월북하여 조선민주주의인민공화국 최고인민회의 대표의원 등 중요한 직책을 맡았습니다.

현장에서 잡혀 가는 윤봉길
윤봉길이 던진 폭탄으로 시라
카와 대장 등이 죽고 10여 명
이 중상을 입었다. 현장에서
체포된 윤봉길은 상하이 군법
회의에서 사형 판결을 받고
일본 오사카로 이감된 후 이
시카와 현에서 사형당하고 그
곳에 묻혔다.

한 주요 인물과 친일반민족행위자를 처단
하면 조선 민중이 떨쳐 일어나 독립을 완
수할 수 있으리라 생각했습니다. 그리하여
마침내 의열단이 결성되었습니다.

1919년 김원봉 등 13명이 만주에서 의
열단을 조직하여 조선과 상하이를 중심으
로 활발하게 활동했습니다. 조선총독부,
종로경찰서, 식산은행, 동양척식주식회사
등에 폭탄을 던졌고, 덴노 암살을 계획하
기도 했습니다. 의열단을 두려워한 일본인과 친일반민족행위자 들은 단
장이었던 김원봉에게 당시 최고 금액의 현상금을 걸었습니다.

대한민국 임시정부는 초기에는 활발하게 활동했으나 일본의 탄압과
자금 부족, 내부의 갈등 등으로 약화되었습니다. 1931년 김구는 이런 상
황을 극복하기 위해 투쟁 단체인 한인애국단을 조직했습니다.

1932년 한인애국단의 이봉창은 도쿄에서 덴노가 탄 마차에 폭탄을 던
졌습니다. 같은 해 윤봉길은 일본군의 상하이 점령을 기념하는 식장에
폭탄을 던졌습니다. 육군 대장을 비롯한 장교들과 관료들이 죽거나 다쳤
습니다. 이 사건들로 조선의 독립운동은 활기를 띠었습니다. 특히 국제
적으로 큰 관심을 불러일으켜, 중국 정부는 대한민국 임시정부를 인정하
고 지원했습니다.

독립전쟁으로 확대된 항일투쟁

19세기 전후 빈곤에 시달린 많은 조선 농민이 만주로 이주했습니다. 대
한제국 시기에는 일본의 침략에 따른 정치·경제적 어려움으로 조선인의
이주가 증가했습니다. 가족 전체가 이주하는 경우가 많았고, 조선인들끼

리 모여서 마을을 형성했습니다. 이주한 조선인은 주로 벼농사를 지어 경제적 안정을 얻을 수 있었습니다.

한국병합 이후 만주로 넘어간 독립운동가들은 조선인 사회의 지원을 받아 깊은 산속에 독립군 기지를 건설하고, 독립군을 양성하여 수많은 부대를 조직했습니다. 독립군 부대는 국경 부근에서 일본군과 전투를 벌이거나, 조선에 진입해 일본군과 친일파를 습격하기도 했습니다.

일본군은 독립군을 소탕하기 위해 만주로 군대를 보냈습니다. 그러나 홍범도가 이끄는 독립군 부대가 미리 정보를 입수해 봉오동에서 매복하고 있다가 일본군을 무찔렀습니다(봉오동전투, 1920년 6월). 이어 김좌진이 이끄는 독립군 부대와 독립군 연합부대가 협동하여 청산리 일대에서 6일간 10여 회의 크고 작은 전투 끝에 크게 승리했습니다(청산리전투, 1920년 10월).

일본군은 독립군에 패배한 보복으로, 독립군을 지원하는 기반을 무너뜨리기 위해 만주에 거주하는 조선인 수천 명을 학살하고 가옥을 불태웠습니다(간도참변, 1920년 10월).

일본이 1932년에 만주국을 세우자 만주 지역 독립군은 반일감정이 높아진 중국군과 힘을 합쳐 여러 차례 전투에서 승리를 거두었습니다. 그러나 일본군의 공격이 거세지자 독립군의 세력이 점차 약화되었고, 일부 독립군은 중국 관내로 옮겨가기도 했습니다.

한편, 만주 지역에서 중국공산당에 가입한 조선인 사회주의자들이 새롭게 항일운동을 일으켰습니다. 당시 만주에서는 조선인 농민과 중국인

농민이 힘을 합쳐 지주와 군벌을 상대로 소작료 인하 같은 생존권 투쟁을 벌였습니다. 농민의 투쟁에 영향을 받은 사회주의자들이 무장투쟁을 시작하여 농민들과 함께 투쟁했고, 만주 일대에서 항일유격대를 결성해 활동했습니다. 항일유격대는 중국공산당 유격대와 함께 군대를 조직하는 한편 여러 곳에 자치구를 세우고 농민을 위한 토지 개혁 등 각종 사회 개혁을 실시했습니다.

항일유격대 세력은 점차 커져 1936년 동북항일연군(만주항일연합군)으로 개편되었습니다. 이들 중 조선인 부대는 조선에서 조직된 비밀 조직의 지원을 받아 여러 차례 국경을 넘어 일본 경찰서와 관공서를 공격하기도 했습니다.

보천보전투를 보도한 호외 기사 1937년 6월 5일자 호외로, 동북항일연군 대원들이 압록강을 건너 함경남도 보천보를 점령한 후 국내 조직의 도움을 받아 경찰 주재소를 공격하고, 면사무소와 소방서 등 일제의 행정 관청을 불태운 뒤 철수했다는 내용이 실려 있다.

1937년 중일전쟁을 일으킨 일본은 중국의 화북 지역까지 점령했습니다. 그래서 김원봉과 김구는 중국 내에서 부대를 창설하여 독립전쟁을 시작했습니다.

1938년 김원봉에 의해 조직된 조선의용대는 중국국민당의 지원을 받아 정보를 수집하거나 포로를 심문하고, 일본군의 후방을 교란했습니다.

1940년 대한민국 임시정부는 중국 각지에 흩어져 있던 독립군을 모아 한국광복군을 창설했습니다. 더욱이 조선의용대 일부를 받아들이면서 군사력이 크게 강화되었습니다.

한국광복군은 대일 전쟁에 참가하여 전후 승전국의 일원으로서 국제적 지위를 확보하고, 국제회의에서 발언권을 얻기 위해 연합군과 공동 작전을 추진했습니다. 한국광복군은 중국군과 연합하여 다양한 활동을 전개했고, 영국군의 요청으로 인도와 미얀마 전선에서 대일 전쟁을 벌이

한국광복군 1940년 9월 한
국광복군 창립 직후 한국과
중국 인사들이 합동으로 찍은
기념사진이다.

기도 했습니다.

해방을 향한 움직임

1941년에 시작된 아시아·태평양전쟁에서 해가 거듭될수록 일본의 패색
이 짙어지자 조선 안팎의 독립운동 세력들은 새로운 국가를 건설할 준비
를 시작했습니다. 대한민국 임시정부와 중국 화북 지역의 조선독립동맹,
그리고 조선에서 민족주의자와 사회주의자가 결성한 건국동맹은 각각
건국강령을 발표했습니다.

강령은 차이도 있었지만 친일반민족행위자를 제외한 모든 조선인이
협력하여 공화제를 실시하고, 민주주의 사상을 토대로 토지와 산업의 국
유화를 시행하며, 기본 교육에 필요한 모든 비용을 국가가 부담한다는

내용은 같았습니다.

독립운동 세력들은 건국을 준비하는 동시에 일본과의 마지막 결전을 위해 조선으로 군대를 진격할 작전을 계획했습니다.

조선독립동맹은 만주를 거쳐 국내로 군대를 진격하기 위해 만주에서 일본과 전투를 벌였고, 동북항일연군도 소련군과 함께 진입할 준비를 했습니다. 건국동맹도 노동자, 농민을 중심으로 유격대를 조직하여 군사 행동을 계획했습니다.

특히 대한민국 임시정부의 한국광복군은 미군과 합동으로 조선 진입 작전을 계획하고, 광복군 일부가 미군의 특수 훈련을 받았습니다.

그러나 일본군의 갑작스런 항복으로 한국광복군의 조선 진입 작전은 이루어지지 못했습니다. 김구는 한국광복군의 조선 진입 작전이 실행되지 못한 것을 원통해했습니다. 왜냐하면 한국광복군이 조선 진입 작전을 실행하지 못해서 이후 국제 외교무대에서 한국의 발언권이 약해질 것을 염려했기 때문입니다.

◉ 독립군이 불렀던 노래 '독립군가'

독립군가는 1895년 을미사변 이후 일어난 의병들이 처음으로 지어 불렀습니다. 그 뒤 3·1독립운동과 대한민국 임시정부 수립을 계기로 수많은 독립군가가 만들어졌습니다. 가사는 주로 독립에 대한 희망, 일본에 대한 복수심과 항전 의식을 높이는 내용이었습니다. 그중에서도 특히 1930년대에 불린 독립군가는 당시 독립군의 고난을 담은 내용이 많았습니다.

〈고난의 노래〉

피에 주린 왜놈들은 뒤를 따르고 / 괘씸할사 마적 떼는 앞길 막누나

황야에서 해가 지고 날이 저문데 / 아픈 다리 주린 창자 쉴 곳을 찾고

저녁 이슬 흩어져 앞길 적시니 / 쫓기는 우리 신세가 처량하다 (중략)

독립군은 독립군가를 부르면서 굶주림, 더위와 추위, 보고 싶은 가족에 대한 그리움, 그리고 죽음에 대한 두려움을 잠시나마 잊을 수 있었습니다. 오늘날 한국에서는 독립운동을 기념하거나 역사 수업을 할 때 이 독립군가를 부르기도 합니다. 또한 한국 가수들이 편곡하여 경기 응원에 사용하기도 합니다.

〈압록강 행진곡〉

우리는 한국 독립군 조국을 찾는 용사로다

나가! 나가! 압록강 건너 백두산 넘어가자

우리는 한국 광복군 악마의 원수 쳐물리자

나가! 나가! 압록강 건너 백두산 넘어가자

진주 우리나라 지옥이 되어 모두 도탄에서 헤매고 있다

동포는 기다린다 어서 가자 고향에

등잔 밑에 우는 형제가 있다 원수한테 밟힌 꽃포기 있다

동포는 기다린다 어서 가자 조국에

우리는 한국 광복군 조국을 찾는 용사로다

나가! 나가! 압록강 건너 백두산 넘어가자

4부

전쟁에서
평화로

1장

일본의 패전, 해방을 맞이한 조선

1. 패전 후의 일본

일본의 항복

아시아·태평양전쟁이 장기화하면서 일본에서는 병력과 물자가 많이 부족해졌습니다. 전쟁의 상황도 일본에게 점점 불리하게 돌아갔습니다. 일본은 이런 상황을 만회하기 위해 조종사가 전투기와 소형 잠수함을 타고 적국 선박에 정면 충돌하는 이른바 '특공대'를 편성하여 많은 젊은이를 죽음의 현장으로 내몰았습니다.

　1944년 여름, 미군은 남태평양 섬 전투에서 일본에 승리함으로써 일본 영토로 바로 출격할 수 있는 기지를 확보했습니다. 그러나 일본 국민은 군부가 정보를 통제했기 때문에 이런 사실을 전혀 알지 못했습니다. 미군은 B29 대형 폭격기 편대를 연속해서 출격시켜 일본 도시를 공습했습니다. 군사시설과 군수공장뿐 아니라 민간인이 사는 주택가까지 무차별적으로 공격했습니다. 1945년 3월에는 334기의 B29 폭격기로 도쿄를 공습했는데, 이때 대략 10만 명이 죽었습니다. 도쿄 말고도 공습을 받은 도시는 약 150곳에 이르렀습니다. 소이탄● 공격을 받은 도시는 불바다가 되었고, 미처 피난을 떠나지 못한 많은 주민이 희생되었습니다.

일본 군부는 미군과의 결전을 준비하면서 시간을 벌기 위해 일본 내륙에서 멀리 떨어진 오키나와에서 지상전을 펼쳤습니다. 미군의 함포 사격과 지상 전투로 인해 일본군 사망자는 약 10만 명(오키나와 현 출신자 약 2만 8천 명 포함), 주민 사망자도 약 10만 명에 이르렀습니다. 더욱이 질병과 기아로 죽은 사람까지 합치면 오키나와 현 주민 4명 가운데 1명꼴로 사망자가 난 셈입니다. '가마'라는 종유동굴에 피신한 주민들을 함께 온 일본군이 쫓아내 희생된 사례도 있었습니다. 심지어 "포로가 되느니 죽어라"라는 교육을 받았고, '집단 자결'을 강요당한 경우도 많았습니다.

1945년에 접어들면서 독일의 항복이 기정사실화되자 이제 열강의 관심은 아시아·태평양 전선으로 옮겨왔습니다. 1945년 2월 얄타회담에서는 유럽 전선에서 독일이 항복하면 3개월 이내에 소련이 일본과의 전쟁에 참전하기로 결정했습니다. 그리고 같은 해 5월 8일, 마침내 독일이 항복했습니다. 7월에는 연합국 대표가 포츠담선언을 통해 일본의 항복을 촉구했지만, 일본은 이에 응하지 않았습니다. 미국은 8월 6일, 갓 완성된 원자폭탄을 히로시마에 투하했습니다. 8월 8일에는 소련이 대일 전쟁에 참전한다고 선포했고, 8월 9일에는 미국이 두 번째 원자폭탄을 나가사키에 투하했습니다.

결국 1945년 8월 14일, 일본은 포츠담선언을 수락했습니

● 소이탄은 목표물을 불살라 없애기 위해 가연성 물질을 넣은 폭탄을 말한다.

종전조칙 덴노가 신민에게 알리는 형식으로 구성된 조칙에는 포츠담선언을 받아들이고 신민을 위로하며 천황제를 지켜나간다는 등의 내용이 들어 있다. 이 조칙에 '항복'이라는 문구는 없다.

다. 이는 일본이 항복했다는 의미입니다. 그날 저녁 종전조칙이 발표되었습니다. 히로히토 일본 덴노가 낭독한 조칙이 레코드판에 녹음되었고, 다음 날 15일 정오, 라디오 방송으로 일본 국민에게 전해졌습니다.

원자폭탄이 투하된 히로시마

1945년 8월 6일 오전 8시 15분, 히로시마에 세계 최초로 원자폭탄이 작렬했습니다. 원자폭탄이 터지면서 발생한 열선(지표면은 3,000~4,000도에 이름)과 폭풍으로 시가지의 건물과 많은 사람이 한순간에 사라지거나 멀리 날아갔습니다. 부서진 건물 밑에 깔리거나 화염에 휩싸여 죽기도 했습니다.

　방사선의 피해는 짐작조차 할 수 없었습니다. 외상이 없어도 고열과 설사가 계속되었고, 무력감, 각혈, 탈모, 피하출혈 등의 증상을 보이며 수많은 사람이 죽어갔습니다. 히로시마에서는 그해 12월까지 대략 14만 명이 사망했습니다. 가족을 찾아 히로시마로 들어온 사람들도 잔류 방사선에 피폭되었습니다. 방사선의 영향은 오래 지속되었고, 악성종양 등 후유증의 고통이 지금까지 이어지고 있습니다.

　원폭으로 피해를 입은 사람은 일본인만이 아니었습니다. 히로시마에 거주하던 조선인과 중국인을 비롯해 포로로 잡혀 있던 미국인, 동남아시아 여러 나라의 유학생 등 많은 외국인도 피해를 입었습니다. 그중에서도 조선인 피폭자 수는 총 5만 명에 이르는 것으로 추정됩니다. 이는 전체 피해자 가운데 10퍼센트에 해당합니다. 특히 조선인은 폭탄이 터진 지점과 가까운 곳에 많이 살았기 때문에 피해가 컸습니다. 그들은 피폭 직후 시내를 벗어났지만 따로 몸을 맡길 곳도 없었기 때문에 방사능이 남아 있는 피폭지로 되돌아와 생활할 수밖에 없었습니다.

　미국은 1945년 7월 세계 최초로 원자폭탄 실험에 성공했습니다. 실전

원폭 투하로 초토화된 히로 시마 아이오이 다리 동쪽에 있던 히로시마 상공회의소 옥 상에서 하야시 시게오가 찍은 이 사진은 여러 장을 촬영해 이어 붙였기 때문에 딱 들어 맞지 않는 부분도 있다. 왼쪽 에 보이는 둥근 지붕 건물은 원자폭탄의 피해로 반파된 채 지금도 당시 모습을 그대로 간직하고 있는 '원폭 돔'으로, 현재 세계문화유산으로 지정 되었다.

에 사용된 것은 히로시마에 투하된 원자폭탄이 최초였고, 나가사키에 투 하된 원자폭탄이 두 번째였습니다. 원자폭탄을 투하하지 않았다면 전쟁 으로 더 많은 사람이 희생되었을 것이라는 주장이 있습니다. 하지만 그 무렵 일본은 더 이상 싸울 힘이 없었습니다. 그런데도 미국이 실험도 제 대로 하지 않은 무차별 대량살상 무기를 서둘러 사용한 첫째 이유는 전 후 소련과의 관계에서 우위를 차지하기 위해서였습니다. 미국 입장에서 는 소련이 연합군의 일원으로 대일전에 참전하기 전에 일본을 항복시켜 야 했습니다.

또한 원자폭탄의 위력과 인체에 미칠 영향을 조사하려는 의도도 있었 습니다. 8월 6일 오전 7시경 미군은 기상관측기를 띄워 히로시마 상공의 기상을 확인한 후 원폭 투하 목표를 히로시마로 결정했습니다. 오전 8시 10분경 원자폭탄과 폭탄의 위력을 조사하기 위한 관측기, 그리고 카메라 를 탑재한 세 대의 B-29 폭격기가 히로시마 상공에 나타났습니다. 8시

15분 한 대의 폭격기에서 원자폭탄이 투하되었습니다. 일본이 항복하고 나서 미국 정부는 히로시마에 ABCC(원폭상해조사위원회)를 설치하여 방사선이 인체에 미치는 영향을 조사했습니다. 피폭자의 신체를 구석구석 조사했으나 치료는 전혀 하지 않았습니다.

히로시마와 나가사키 사람들은 전쟁으로 인한 가해자와 피해자가 두 번 다시 있어서는 안 되며, 핵무기로 인한 참상이 또다시 일어나서는 안 된다고 주장하며, 반전·반핵운동을 적극 펼치고 있습니다. 히로시마 사람들은 원폭 돔을 보존하고, 히로시마평화기념자료관을 세워 사람들에게 피폭 사실을 전하고 있습니다.

일본에서 해방을 맞이한 조선인들

일본에서 해방을 맞이한 조선인들은 몹시 기뻐하며 서둘러 귀국하기 시작했습니다. 10월 15일 재일 조선인의 권리를 지키고 귀국자 원조 및 민족교육을 위해 '재일본조선인연맹(조련)'●이 창립되자, 일본에 남아 있던 많은 조선인이 이 연맹에 가입했습니다.

전쟁이 끝났을 때 일본에 200만 명 넘게 살고 있던 조선인들이 1946년까지 150만 명 가까이 귀국했습니다. 일본 정부는 1946년부터 조선인이 일본을 떠날 때 돈은 1천 엔 이하, 물건은 약 113킬로그램 이내로만 가지고 가도록 제한했습니다. 고향에 생활 기반이 없던 재일 조선인은 귀국을 한다 해도 막막하긴 마찬가지였습니다. 그 때문에 귀국하고 싶어도 할 수 없는 사람이 많았습니다.

1945년 일본에 남아 있던 재일 조선인은 지금껏 행사해오던 선거권을 박탈당했습니다. GHQ(연합군 최고사령관 총사령부)●●가 "일본에 있는 조선인, 타이완인을 해방 인민으로 처우해야 한다"라고 규정했는데, 이를 일본 정부가 편의대로 적용했기 때문입니다. 1947년 5월 2일에는 일본 덴노의 마지막 칙령인 '외국인등록령'으로 인해 재일 조선인이 일본 국적을 가진 외국인으로 간주되었습니다. 이후 1952년 샌프란시스코 강화조약이 발효됨에 따라 일본이 연합국의 지배에서 벗어나 독립국이 되면서 일본의 조선인들은 일본 국적을 잃었습니다. 세금 등의 의무는 지지만 권리는 없는, 국적에 따른 차별을 받기 시작한 것입니다.

해방을 맞이한 재일 조선인은 귀국할 때를 대비해 아이들을 교육했습니다. 일본 각지에 조선의 말과 문화를 가르치는 '국어강습소'가 열렸습니다. 재일본조선인연맹은 학교관리조합을 조직하고, 국어강습소를 민족 교육을 위한 조선학교로 확대했습니다. 1947년 3월에 히로시마에 본교 9개교, 분교 10개교의 조선학교가 설립되었고, 전국에 총 503개교가 설립되어 약 6만 명의 학생이 다녔습니다.

한반도에서 좌익과 우익이 대립하고, 중국 대륙에 공산주의가 확대되자 GHQ와 일본 정부는 반공산주의 정책을 펼쳤습니다. 일본 정부는 노

● 일본의 조선인들이 1945년에 결성한 단체로, 1949년 GHQ와 일본 정부의 탄압으로 해체되었다.

●● 일본이 아시아·태평양 전쟁에서 패한 후 도쿄에 설치된 연합군의 관리 기구로, 1945년 10월 2일부터 샌프란시스코 강화조약이 발효된 1952년 4월 28일까지 6년 반 동안 존속하며 일본을 실질적으로 지배했다. 최고사령관은 맥아더 장군으로 미국이 실권을 가지고 있었으며, 일본의 통치기구를 이용한 간접통치 방식을 취했다.

탄압받는 조선학교 초등학생들 1949년 9월, 일본 정부는 두 달에 걸쳐 300여 곳의 조선학교를 폐쇄했다. 이 과정에서 일본 경찰대는 경찰봉을 휘두르며 아이들의 목덜미를 잡아 교실 창밖으로 내던지는 일도 서슴지 않았다. 사진은 1949년 10월, 아이치 현 모리야마 시의 조선인초등학원에서 찍은 것이다.

동조합이나 재일본조선인연맹의 활동을 탄압했습니다. 1947년 GHQ 최고사령관 맥아더는 재일 조선인도 일본의 교육법과 학교교육법을 따르도록 일본 정부에 지시했습니다. 조선인은 일본인으로 동화해야 한다고 생각한 일본 정부는 조선학교를 폐쇄하고 학생들에게 일본인이 다니는 학교로 편입하라고 통보했습니다. 그러자 폐쇄령에 항의하는 시위가 전국에서 일어났습니다. 오사카에서는 1만 5천 명이 부청사 앞에 모였습니다. 경찰은 물대포를 쏘고 총까지 발포했습니다. 열여섯 살 소년이 총에 맞아 죽고, 많은 사람이 부상당하고 체포되었습니다. 히로시마의 조선학교에도 경찰과 헌병이 난입해 교실에서 울부짖는 학생들의 목덜미를 잡아 내쫓고 경찰봉을 휘둘렀습니다. 그럼에도 하루도 거르지 않고 수업을 계속한 조선학교도 있었습니다.

조선의 말과 문화를 가르치는 민족 교육은 지금도 계속되고 있습니다.

일본 학교와도 스포츠와 문화 활동을 통해 교류하고 있습니다. 민족학교 설립과 존속의 역사는 편견과 차별에 대한 투쟁의 역사입니다. 지금도 조선학교에서는 조선적, 대한민국 국적, 조선민주주의인민공화국(북한) 국적, 일본 국적을 지닌 재일 동포 3, 4세 학생들이 민족적 자각과 긍지를 가지고 배움을 이어가고 있습니다. 그러나 현재 일본에 살고 있는 대부분의 재일 한국인과 조선인의 자녀들은 민족의 말과 문화를 배울 기회가 충분하지 않습니다.

차별에 저항하는 재일 한국인·조선인의 투쟁

● 현재는 국적 조항이 없어져 외국인도 가입할 수 있다.

●● 1980년 일본에 거주한 한국인과 조선인은 66만 4,536명으로 일본 내 외국인 가운데 84.9퍼센트를 차지했다.

오랫동안 일본 정부는 일본에 살 수밖에 없었던 재일 한국인과 조선인에 대해 기본적인 인권조차 보장하지 않았습니다. 세금을 납부해도 '외국인'이기 때문에 국민연금제도나 건강보험제도 등 각종 사회보장제도의 혜택을 받을 수 없었습니다.● 취직을 하고 집을 임대할 때도 차별을 받았습니다.

1970년대와 80년대에 이러한 차별을 깨고 재일 한국인과 조선인의 인권을 지키려는 운동이 고양되었습니다. 그 하나가 지문 날인 거부운동이었습니다. 일본은 1955년부터 14세(1982년부터 16세) 이상 외국인에게 지문을 관공서에 등록하도록 강요했습니다. 일본에 거주하는 외국인은 지문이 찍힌 외국인 등록증을 항상 가지고 다녀야 했고 이를 위반하면 벌칙을 받았습니다. 이 제도는 일본 내 외국인, 그 가운데서도 대다수를 차지하는 재일 한국인과 조선인●●을 감시하고 속박하기 위한 장치였습니다.

일본인도 한국인도 아닌 조선인

1947년에 '외국인등록령'을 시행하면서 모든 한반도 출신에게 국적란에 '조선'으로 표기하도록 했습니다. 이후 1965년 한일기본조약에 따라 외국인 등록 국적란을 '한국'으로 바꾸는 사람들이 늘었습니다. 그러나 '한국 국적'으로 바꾸지 않은 사람은 '조선적'으로 남았습니다. 이들 중에는 통일된 조국의 국적을 갖겠다는 생각으로 '조선적'으로 남은 사람도 있습니다. '조선적'을 북한의 국적으로 오해하는 사람들도 있지만, 사실은 그렇지 않습니다.

외국인 등록증　왼쪽은 지문 날인이 되어 있는 외국인 등록증이고, 가운데는 거부운동으로 지문이 찍혀 있지 않은 등록증이다. 오른쪽은 현재 외국인 등록증으로, 여기에는 지문 날인 칸이 없다.

1980년 9월 재일 한국인 한종석 씨는 "일본인이라면 범죄자에게만 강제하는 지문 날인을 외국인에게 강요하는 것은 민족 차별이며 인권 침해"라고 주장하며, 지문 날인을 거부했습니다. 재일 한국인과 조선인 가운데 지문 날인을 거부하여 재판에 회부된 사람은 그가 처음이었습니다. 한 사람의 저항이 이후 수많은 사람들의 연대로 이어지면서 일본 전역에서 지문 날인 거부운동이 활발하게 일어났습니다. 외국인에 대한 민족 차별을 일본인의 문제로 인식하여 운동에 동참하는 일본인도 늘어났습니다. 거부운동이 거세지자 일본 정부는 부분적인 개혁안을 발표했습니다. 결국 1992년에 외국인 등록법이 개정됨으로써 재일 한국인이나 조선인 같은 영주 외국인의 지문 날인 조항이 없어졌습니다. 그러나 외국인 등록증 휴대 의무는 아직까지 남아 있습니다.

한국에 남은 일본인들

일본이 한국을 식민 지배하는 동안 많은 일본인이 한국으로 건너와 살았습니다. 하지만 이들 대부분은 일본이 아시아·태평양전쟁에 패하자 일본으로 돌아갔습니다. 그런데 1만 5천 명에서 2만 명에 이르는 일본 여성은 그대로 한국에 남을 수밖에 없었습니다. 대부분 식민지 시기 일본 정부의 정책에 따라 한국 남성과 결혼한 사람들입니다. 식민지 시기 일본 정부는 조선과 우호 관계를 연출하기 위해 '내선일체'라는 명목 아래 일본 여성과 조선인 남성의 결혼을 장려했습니다.

◉ 히로시마 조선학교 이야기

― 히로시마 조선학교 전 교장 고 려상호 씨를 직접 인터뷰한 내용입니다.

해방 이후 바로 조국으로 돌아갈 준비를 시작했습니다. 우리 집 주변에 많은 조선인이 모여 들었습니다. 집 근처에 작은 배가 정박할 만한 항구가 있어서 밀항선을 타고 돌아가기 위해 서였습니다. 태풍이나 거친 파도로 인해 선박이 침몰하는 경우도 있었습니다. 그래도 빨리 조국에 돌아가고 싶은 마음이 강했습니다.

아버지도 빨리 조국으로 돌아가고 싶었던 것 같습니다만, 귀국을 하든 일본에 남든 조선 사람들이 단결하여 서로 돕는 조직이 대단히 중요하다는 걸 알고 계셨던 아버지는 '재일본 조선인연맹' 결성대회에 참가했습니다. 그 뒤 히로시마로 돌아와서는 바로 조직을 결성할 사무소를 마련했습니다. 그리고 조국으로 돌아갈 때 가장 걱정거리였던 아이들을 위해 우리말과 우리 문화를 가르치는 학교인 '국어강습소'를 만들었습니다. 학교는 많은 사람이 힘을 모아 만들었습니다. 이렇게 만들어진 학교는 지역 모든 분들이 기회 있을 때마다 우리 요리를 가지고 와서 나누어 먹고 노래하며 춤추는 공간이기도 했습니다. 동포들은 학교를 중심으로 서로 도우며 생활해갔습니다.

조선학교 졸업식 기념사진 히로시마 현 제3 조선인 초급학교의 1957년 졸업식 기념사진으로, 맨 앞줄 오른쪽에서 두 번째가 려상호 씨다.

해방 후 일본으로 돌아가지 않고 한국에 남은 일본인 여성들은 일본인이라는 이유와 언어 문제 등으로 많은 고생을 했습니다. 또 이승만 대통령이 선거 연설에서 일본과 일본인을 비난할 때는 몸을 사려야 했습니다.

한국에 남은 일본인들 경주 나자레원에는 일제강점기에 식민지 조선으로 건너왔거나 일본에서 조선인 징용자와 결혼한 후 한국으로 온 일본인 할머니들이 함께 모여 생활하고 있다.

1965년에 '한일기본조약'이 체결되면서 한국과 일본 사이에 외교 관계가 회복되어 한국에 남아 있던 일본 여성의 귀국이 추진되었습니다. 그러나 일본 여성 대부분은 일본으로 돌아갈 수 없었습니다. 귀국을 하고 싶어도 맞아줄 가족이나 친지는 물론 돌아갈 곳조차 없는 사람들이 대부분이었고, 그들을 위한 사회보장제도도 마련되지 않았기 때문입니다.

전후 재판과 민주화

미군 중심의 연합군은 일본을 점령하여 일본이 다시는 군국주의의 길을 걷지 않고 민주국가로 나아갈 수 있도록 점령 정책을 추진했습니다.

GHQ는 일본군을 해산하고 전쟁범죄인(전범)에 대한 군사재판(극동국제군사재판 또는 도쿄재판)을 실시했습니다. 전쟁을 지휘한 사람은 'A급 전범(전쟁을 앞장서 수행한 범죄자)'으로 재판을 받았습니다. 총 28명의 A급 전범 가운데 아시아·태평양전쟁을 시작할 때 수상이었던 도조 히데키를 비롯한 7명에게는 사형이 집행되었고, 16명에게는 종신금고형이 내려졌습니다. 재판은 이후 냉전으로 중단되어 사형에 처해진 7명을 제

A급 전범의 재판 결과

정신질환으로
심리 불가
1명
사망
2명
유기
금고형
2명
사망
7명
A급 전범
28명
무기금고형
16명

● 사할린에 남겨진 사람들

사할린은 현재 러시아령의 섬입니다. 하지만 포츠머스조약으로 러일전쟁 이후부터 1945년까지 일본이 섬의 남쪽 지역을 영유하고 있었습니다. 많은 일본 기업이 사할린에 진출했고, 궁핍한 일본의 농민들도 일거리를 찾아 이주했습니다. 강제연행된 조선인도 많이 있었습니다. 일본이 패전한 당시에는 일본인이 약 40만 명, 조선인이 약 4만 명 정도 살았습니다.

1946년 12월, 연합군 총사령부와 소련이 협정을 체결하여 일본인은 대부분 귀국했습니다. 그러나 여러 사정으로 사할린에 남을 수밖에 없었던 일본인도 많았습니다. 현재 사할린에 남은 일본인 약 400명 중 70퍼센트가 여성입니다. 이들은 바로 조선인 또는 소련인과 결혼한 여성이었습니다. 외국인과 결혼한 여성은 일본 국적이 인정되지 않았고, 자녀들도 일본 국적이 아니었기 때문에 그들은 일본으로 돌아갈 수 없었습니다.

한편, 사할린에 연행되어 강제노동을 해야 했던 조선인 역시 그대로 이국땅에 방치되었습니다. 소련이 북위 38도 이북 출신자 가운데 북한에 돌아가기를 바라는 사람들만 귀국시켰기 때문에, 사할린에 남겨진 조선인은 약 80퍼센트가 38도 이남 출신이었습니다.

한국인의 귀국 운동은 소련이 해체된 1991년 이후 극적으로 진행되었습니다. 그때부터 조금씩 귀국이 진행되다 2010년 3월 말까지 3,779명이 한국에 영주 귀국했습니다. 사할린에서 귀국한 한국인은 경기도 안산시 '고향마을'을 비롯해 경북 고령 대창양로원 등지에 정착했습니다. 오랜 소원이었던 고국행이 현실로 이루어진 것입니다.

그러나 영주 귀국을 할 수 있는 대상은 1945년 8월 15일 이전에 사할린에 거주했거나 출생한 사람과 그 배우자였기 때문에 이들의 자손은 귀국할 수 없어 어쩔 수 없이 이산가족이 되었습니다. 따라서 귀국하고는 싶지만 자식들과 헤어지기 싫어 사할린에 남은 사람도 있습니다.

외하고는 전원 석방되었습니다.●
포로와 일반 시민을 학살하고 학
대한 사람은 B·C급 전범으로 재
판을 받았습니다. 그 수는 약
5,700명으로, 이 가운데 984명에
게 사형이 선고되었습니다. B·C
급 전범으로 재판을 받은 이들 가
운데는 한반도와 타이완 출신도
있었습니다. 사형에 처해진 한반
도 출신자는 23명으로, 그 가운

도쿄재판 맨 오른쪽 피고인
석에 앉아 있는 사람이 전쟁
당시 수상을 역임한 도조 히
데키다. 그는 A급 전범으로
교수형에 처해졌으며, 현재
유골의 일부가 야스쿠니 신사
에 합사되어 있다.

데 20명은 병사가 아닌 '군속'으로 연합군 포로를 감시하던 사람이었습
니다.

　그러나 이 재판에서 국가원수이며 군대를 움직이는 통수권을 지니고
있던 덴노에 대해서는 전쟁 책임을 추궁하지 않았습니다. 덴노를 이용해
일본을 점령하고자 했던 미국은 "전쟁 책임이 도조 히데키 등 육군에 있
다"라고 하며 덴노에게 면죄부를 주었습니다. 그리하여 조선과 타이완의
식민통치 문제와 아시아에 대한 전쟁 책임 문제는 유야무야되었고, 일본
군 '위안부', 731부대 생체실험,●● 독가스 제조 및 사용 등의 전쟁 범죄
는 기소조차 하지 않았습니다. 극동국제군사재판은 지금까지도 많은 문
제를 남겨놓았습니다.

　한편, GHQ의 지령을 기초로 일본 정부는 민주국가를 향한 개혁을 해
나갔습니다. 많은 이들의 지지를 받으며 일본의 민주화는 급속히 진행되
었습니다.

　황국신민을 만들어왔던 학교 교육도 크게 변했습니다. '교육칙어'를
폐지하고, '평화적인 국가 및 사회 구성원'을 기르는 데 목적을 둔 '교육

● 석방자 가운데 한 사람
인 기시 노부스케는 그 뒤
일본 수상이 되었다.

●● 일본군은 중국 하얼빈
에 731부대를 만들고 생화
학 무기 개발과 치명적인
생체실험을 했다. 잔인한
전쟁 범죄였지만, 미국은
그 연구 자료를 넘겨받는
대가로 731부대를 전범재
판에서 다루지 않았다.

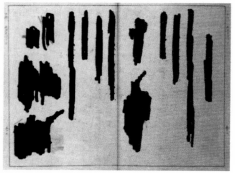

전후 일본에서 사용된 먹칠 교과서 침략과 전쟁을 합리화하는 내용의 '병정놀이' 단원(위) 전체가 검게 칠해져 있다(아래).

기본법'이 제정되었습니다. 그에 따라 학교에서는 기존 교과서에서 군국주의적인 내용을 먹칠해 지운 뒤 사용해야 했습니다.

사람들의 입을 막고 공포에 떨게 만들었던 '치안유지법'을 폐지하고, 20세 이상 남녀 모두에게 선거권이 있는 보통선거가 실현되었습니다. 1946년 4월, 새로운 선거제도 아래에서 전쟁 후 처음으로 국회의원 선거가 실시되었습니다. 일본 역사상 처음으로 여성이 투표에 참여했을 뿐 아니라 일본 최초의 여성의원도 39명이나 탄생했습니다. 그리고 새로 구성된 국회에서 심의된 일본국헌법이 제정되었습니다. 일본국헌법은 '국민주권', '평화주의', '기본 인권 존중'을 3원칙으로 한 민주적인 헌법이었습니다. 이 헌법 아래에서 일본은 새로운 역사로 나아가기 시작했습니다.

2. 해방 후의 한국

해방, 그리고 분단

1945년 8월 15일, 일본 덴노는 라디오 방송을 통해 포츠담선언을 수락한다고 발표했습니다. 이 방송은 일본인에게는 절망과 슬픔을 안겨주었지만, 조선인에게는 해방의 기쁨을 알리는 소리였습니다.

많은 조선인이 고문당하고 갇혀 있던 형무소의 문이 열렸습니다. 시민들은 만세를 부르며 석방된 독립운동가를 맞이했습니다. 전국 방방곡곡

은 환희에 찬 사람들로 넘쳐났습니다. 독립운동가를 비롯한 조선인들은
'건국준비위원회'를 만드는 등 자주적인 민족국가를 건설하기 위한 활동
을 시작했습니다.

새로운 건국 활동에서 가장 큰 어려움은 한반도에 들어온 미국 군대와
소련 군대였습니다. 양국 군대는 한반도에서 일본군을 몰아낸다는 명분
으로 38도선을 분할하여 남과 북에 각각 자기들이 원하는 정부를 세우고
자 했습니다.

1945년 12월, 미국·영국·소련 3개국의 외무장관 회의가 열렸습니다.
여기서 미국과 소련은 한반도에 독립국가를 세우는 절차에 합의했습니
다. 임시정부를 세우고 최대 5년간 미국·영국·소련·중국의 4개국이 신
탁통치를 한다는 방안이었습니다(모스크바 3국 외상 회의). 그러나 신탁통
치안에 대해 조선인 사이에 서로 다른 의견이 격렬히 대립했습니다. 자
국에 유리한 정부를 세우려는 미국과 소련의 대립 또한 상황을 어렵게
만들었습니다. 결국 임시정부 수립을 위한 미국과 소련의 대화는 중단되

었습니다.

미국은 한반도 문제를 국제연합(유엔)을 통해 해결하려고 했습니다. 1948년 유엔은 남한만이라도 선거를 실시해 정부를 수립하도록 결의했습니다. 김구와 김규식 등은 민족을 분열시킨다며 남한만 실시하는 단독선거에 반대했습니다. 또한 남한 각지에서 단독선거 반대운동이 일어났습니다. 특히 제주도에서는 반대운동이 크게 일어나 수만 명의 희생자가 나왔습니다(제주4·3사건, 1948년).

결국 1948년 5월, 제주도의 일부 선거구를 제외한 남한에서만 단독선거(5·10총선거)가 강행되어 국회가 처음으로 구성되었습니다. 이 국회에서 헌법을 만들고 이승만을 대통령으로 선출하여 8월에 대한민국 정부가 수립되었습니다. 북한에서도 같은 해 9월, 선거를 통해 선출된 대의원으로 최고인민회의가 조직되어 김일성을 수상으로 하는 조선민주주의인민공화국이 수립되었습니다.

● 미군정과 친일 세력에 저항하여 일어난 10월항쟁

1946년 10월 2일 수천 명의 학생과 노동자, 시민이 대구경찰서로 몰려들었습니다. 시위대 앞에는 그 전날 철도 노동자들의 파업집회에서 경찰과 충돌해 사망한 노동자의 관이 있었습니다. 그들은 경찰 발포에 항의하며 '경찰의 무장해제'를 요구했습니다. 분노한 민중은 경찰서를 점거했습니다. "쌀이 아니면 죽음을 달라"라며 시위를 계속해온 시민들은 경찰과 지주들을 공격했고, 대구시 전체는 무정부 상태가 되었습니다.

몇 시간 뒤 미군의 전차가 주둔하며 계엄이 선포되었고, 대구시는 치안을 회복했습니다. 하지만 시위는 경북을 비롯해 전국으로 확산되어 수백만 명이 동참했습니다. 시위에 참가한 사람들은 대부분 노동자와 농민이었습니다.

이들은 "쌀 수집을 반대한다", "친일파를 쫓아내라"라고 외쳤습니다. 미군정의 식량 정책이 실패하면서 많은 사람이 굶주렸고, 농민들은 강제로 식량을 수집당하는 등 고통이 극심했습니다. 또한 미군정은 해방 이후 민중이 만든 여러 조직을 인정하지 않고, 사회 개혁에 관한 요구도 들어주지 않았습니다. 반면, 친일 경찰과 관료들을 다시 채용해 미군정을 유지했습니다. 1946년 10월항쟁은 이러한 상황에 대한 민중의 울분과 분노가 폭발한 사건이었습니다.

10월항쟁 당시의 대구 시가지 경찰과 시민이 총격전을 벌이고 있다.

전쟁으로 폐허가 된 서울(왼쪽)과 평양(오른쪽) 한국전쟁으로 한국군 15만 명, 북한군 52만 명, 유엔군 3만 5천 명, 민간인이 약 100만 명 사망했으며, 한반도 전체가 폐허가 되었다.

한국전쟁과 굳어진 분단

제2차 세계대전 이후의 세계는 자본주의 미국과 사회주의 소련이라는 두 강대국의 대립이 커다란 그림자를 드리운 냉전의 시대였습니다. 그 대립의 최전선이 된 곳이 바로 한반도였습니다. 미국과 소련이라는 강대국의 이해와 대립에 따라 서로 적대시해온 남과 북은 마침내 1950년 6월 25일 북한군의 남침으로 전면적인 전쟁을 치르게 됩니다(한국전쟁). 소련은 북한을 지원했습니다. 유엔 안전보장이사회는 소련이 불참한 상태에서 북한을 침략자로 규정하고, 인민군의 철수를 요구하며 남한에 대한 유엔군의 지원을 결정했습니다. 미국은 유엔군의 주력으로 전쟁에 참가했습니다. 전쟁은 북에서 남으로, 남에서 북으로 일진일퇴를 반복했습니다. 중국군의 참전으로 전쟁이 오래 지속되자 세계대전으로 확대될 것을 걱정한 소련이 미국에 정전회담을 제안했습니다. 정전회담은 오래 진행되었고, 회담 중에도 전쟁은 계속되었습니다. 유엔군과 북한·중국 사이에 정전협정이 체결된 것은 1953년 7월 27일이었습니다.

전쟁으로 인해 막대한 물적 피해가 발생했습니다. 행정기관과 공업 시설이 대부분 파괴되었고, 사람들이 몸을 피할 집도 없어졌습니다. 인명 피해도 엄청났는데, 약 1천만 명의 이산가족과 약 5백만 명의 사상자가 발생했습니다. 이는 당시 한반도 인구를 3천만 명이라 할 때 3명 중 1명이 가족을 잃고, 6명 중 1명이 죽거나 다친 셈입니다. 희생자 가운데는 전투에 참가하지 않은 민간인도 약 1백만 명이나 있었습니다. 전황이 역전과 재역전을 되풀이하면서 남한군과 북한군이 민간인을 서로 적대 세력으로 보고 곳곳에서 집단학살했던 것입니다. 또한 이승만 정부를 반대하거나 비판하다가 형무소에 구속되었던 수많은 정치범과, 보도연맹원 수십만 명도 목숨을 잃었습니다.

한국전쟁으로 입은 가장 큰 피해는 바로 분단이 굳어진 것입니다. 전쟁으로 인해 남한과 북한 사람들은 서로에게 씻을 수 없는 증오심을 갖게 되었습니다. 북한에서는 전쟁과 전후 복구 과정에서 반대파 숙청을 통해 김일성 일인 지배체제를 이루었습니다. 남한에서는 반공체제가 강화되었습니다. 이승만 대통령은 이를 이용하여 전쟁 중에 헌법을 개정하고 자유당을 창당하여 장기 집권의 토대를 마련했습니다.

한국전쟁과 일본

한국전쟁에 참가한 유엔군의 중심은 일본에 주둔하고 있던 미군이었습니다. 미국은 유엔의 결의에 따라 도쿄에 유엔군 총사령부를 설치했습니다. 이에 따라 일본 정부는 미군에 적극 협력했습니다. 일본은 미군 군사 물자의 출발기지이자 군사 작전의 훈련장, 부상병을 치료하는 의료 활동의 기지 역할을 했습니다. 많은 일본인이 직·간접적으로 전쟁에 참가하기도 했습니다. 기뢰 제거용 함선을 파견하고, 뱃길 안내와 물자 수송을 하기 위해 옛 일본군 군인을 동원했는데, 많을 때는 1만 명에 이르렀습니다. 또한 전쟁에 필요한 많은 물자를 일본에서 생산했습니다. 이처럼 전쟁으로 인해 발생한 특별 수요(특수)로 몰락 직전의 일본 경제는 다시

부문	생산량
가시철사(유자철선)	60만 코일 생산
화약 생산	92만 5천 상자 생산
석유 정제량	(월 생산) 9만 1천 킬로리터(1945년) → 96만 8천 킬로리터(1954년)
석유제품 생산량	(월 생산) 19만 4천 킬로리터(1945년) → 606만 7천 킬로리터(1953년)
조선	수출 총액의 45%를 전쟁으로 인한 특수가 차지함

한국전쟁 당시 일본의 주요 물자 생산량

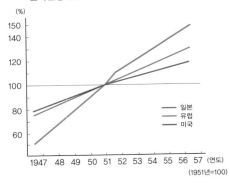

한국전쟁 전후 일본의 경제 성장률

(1951년=100)

활기를 띠었습니다. 일본 정부는 대기업을 우대하는 정책을 펴면서 고도 경제 성장의 기초를 마련했습니다.

한국전쟁은 제2차 세계대전 이후 일본 문제를 처리하는 데도 영향을 미쳤습니다. 한국전쟁으로 소련과 중국의 영향력이 커지자, 미국은 공산주의에 대적하기 위해 일본과 새로운 협력 체제를 마련하려고 했습니다. 전쟁이 한창이던 1951년, 미국의 샌프란시스코에서 미국을 중심으로 한 연합국 48개국과 일본 사이에 강화조약이 체결되었습니다(샌프란시스코 강화조약). 조약의 주요 내용은 다음과 같습니다. "일본과 연합국 사이의 전쟁 상태를 종료한다. 일본은 독립하며 주권을 회복한다. 일본은 조선의 독립을 인정하고, 조선에 대한 모든 권리를 포기한다. 타이완과 펑후 제도, 쿠릴 열도, 사할린에 대한 모든 권리를 포기한다. 일본의 영토는 혼슈, 규슈, 시코쿠, 홋카이도와 여기에 부

샌프란시스코 강화조약 조인식 1951년 9월 8일, 제2차 세계대전 연합국과 일본 사이에 강화조약이 체결되었다. 이로써 공식적으로 제2차 세계대전이 종결되었다. 조약에 서명하고 있는 사람이 당시 일본 수상 요시다 시게루다.

속한 섬들로 제한한다. 배상 문제는 개별 교섭한다."

  그러나 참가국 중 소련은 이 조약에 반대했으며, 일본 침략전쟁의 최
대 피해국인 한국과 중국은 참가할 수 없었습니다. 한국은 제2차 세계대
전의 전쟁 당사국이 아니라고 일본이 반대했기 때문입니다. 중국은 중일
전쟁의 당사자였지만 당시 중화인민공화국과 중화민국으로 나뉘어 있었
기 때문에 어느 나라를 대표로 할지 결론을 내지 못했습니다. 같은 날 샌
프란시스코 교외의 미군기지에서 일본과 미국은 안전보장조약을 맺었습
니다. 이 조약으로 일본 국내에 미군의 주둔이 가능해졌습니다. 이후 일
본에서는 자위대의 전신인 '경찰예비대'가 신설되어 국내 치안 유지를
맡았습니다.

폐허 속에서 이룩한 경제 성장

해방 이후 한반도의 주요 산업시설은 운영에 많은 어려움을 겪었습니다.
중공업이 중심을 이루었던 북부와 농업 중심의 남부 지역이 분단되면서
경제가 단절되었고, 이마저도 한국전쟁으로 거의 폐허로 변하고 말았습
니다.

포항제철 공업단지 포항제
철은 1970년대 한국의 중화
학공업 발전에 크게 기여했
다. 사진은 최근 모습이다.

  전쟁이 끝난 후 한국은 미국
의 원조를 바탕으로 밀가루·설
탕·면방직 등을 원료로 하는 식
품공장과 섬유공장 등 경공업
중심의 공업화를 추진했습니다.
  이후 한국 경제는 박정희 정
권 당시 실시된 경제 개발 5개
년 계획으로 급속히 성장했습
니다. 비료·시멘트 산업을 육

성하고 경부고속국도를 건설하여 경제 활동의 기초를 갖추었습니다. 1970년대에는 철강·조선·자동차·전자·화학 등 중화학공업이 비약적으로 발전했습니다. 전국 곳곳에 공업단지가 들어서면서 생산과 수출이 급성장했습니다. 1961년에 4천만 달러이던 수출액은 1980년에는 175억 달러로 무려 400배 이상 증가하여 세계 32위로 올라섰습니다. 이를 두고 '한강의 기적'이라고 불렀습니다. 이러한 경제 성장은 정부의 외자 도입과 적극적인 수출 산업 육성, 그리고 어려운 여건에서도 농민과 노동자가 헌신적으로 피땀 흘려 일한 결과였습니다. 그러나 공업 중심의 정책은 상대적으로 농촌을 황폐하게 만들었고, 노동자도 장시간 노동과 낮은 임금으로 고통을 겪었습니다. 빈부 격차도 점점 심해졌습니다. 농민과 노동자는 이러한 사회 문제를 해결하기 위해 농민운동과 노동운동을 활발히 전개했습니다.

학생운동에서 시작된 민주화

1948년 8월에 출범한 이승만 정권은 집권 이후 부패 척결이나 친일반민족행위자 청산 등 민중의 요구에는 소극적으로 대처했습니다. 반면, 전쟁을 거치면서 분단이 굳어지자 반공을 앞세워 국민의 기본권을 제한하고 장기집권을 시도했습니다. 1960년 3월 15일 대통령 선거를 앞두고 이승만 정권은 대구의 고등학생들에게 2월 28일

교문을 나서는 경북고 학생들 대구에서 일어난 2·28민주운동은 대한민국 정부 수립 이후 최초의 대규모 반정부 학생 시위였다. 이때부터 학생들의 민주화운동이 시작되었으며, 이후 4월혁명의 도화선이 되었다.

일요일에도 등교하도록 지시했습니다. 이는 같은 날 대구에서 열릴 예정이던 야당의 선거 유세에 학생의 참여를 막기 위해서였습니다. 그러자 경북고를 비롯한 대구 지역 학생들은 "학교를 정치 도구화 하지 말라"라는 구호를 외치며 대구 시내에서 반정부 시위를 펼쳤습니다(2·28 민주운동). 1960년 3월 15일 대통령 선거에서 이승만 정권은 40퍼센트가 넘는 투표용지를 사전에 투표함에 넣는 부정을 저질렀습니다. 선거 당일, 마산의 중·고등학생과 시민들이 "부정선거 다시 하라"라며 시위를 벌였습니다. 부정선거와 경찰의 폭력 진압에 항의하는 시위는 전국으로 확대되었습니다. 결국 이승만은 대통령에서 물러나 하와이로 망명했습니다(4월혁명).

5·18광주민주화운동 1980년 5월, 군사정권에 반대한 광주 시민들이 무장한 군인들의 강경 진압에 맞서 싸웠다. 사진은 당시 도청 앞에 모인 시민들의 모습이다.

　1960년 4월혁명 이후 민주주의를 외치는 함성이 전국에 메아리쳤습니다. 그러나 1961년 5월 16일, 박정희를 비롯한 일부 군인이 쿠데타를 일으켜 또다시 독재 권력이 들어섰습니다. 1972년에는 헌법을 개정해 국민의 기본권을 제한하고 대통령의 권한을 대폭 강화해 장기집권의 길을 열었습니다(유신헌법). 개인의 자유와 인권이 무시되는 암울한 권위주의 시대였습니다. 대통령은 초헌법적인 긴급조치를 발동해 유신헌법에 대한 비판을 금지하고, 휴교령을 내려 대학교의 문을 닫기도 했습니다. 또한 민주화운동가들을 북한 간첩의 지시를 받았다는 누명을 씌워 사형시켰습니다.

　1979년 민주화를 요구하는 시위가 격렬해지는 가운데 정부 내에서 정국 수습 방안을 놓고 의견이 엇갈렸습니다. 갈등의 와중에 박정희 대통

령이 중앙정보부 부장에게 피살되었습니다. 이후 1980년 유신헌법 개정과 군사정권 타도를 외치는 민주화운동이 전국으로 퍼져갔습니다. 전두환을 중심으로 한 신군부 세력은 민주화운동을 탄압하기 위해 전국에 계엄령을 선포했습니다. 광주에는 계엄

6월민주화운동 1987년 6월 전국적으로 벌어진 민주화 투쟁에는 학생과 시민단체뿐 아니라 넥타이 부대라 불리는 사무직 노동자들이 대거 참여했다.

군을 투입하여 무차별로 탄압했습니다. 광주의 민주화운동 세력도 스스로를 지키기 위해 무기를 들고 시민군을 조직했습니다. 그러나 계엄군은 무력으로 이들을 진압하여 수천 명의 사상자를 냈습니다. 이로써 10일간 계속되었던 항쟁은 막을 내렸습니다(5·18광주민주화운동).

무력으로 권력을 장악한 전두환 정권은 폭압정치를 계속했습니다. 민주화를 요구한 학생들을 고문했고, 이 사실을 감추기 위해 경찰과 검찰은 사건을 조작했습니다. 이러한 폭압에도 불구하고 대학생들은 유인물을 뿌리거나 기습시위를 주도했고, 몇몇 학생은 스스로 목숨을 던져 저항했습니다. 독재정권에 대한 분노가 더욱 커져 시민들까지 저항에 가세했습니다(6월민주화운동). 결국 전두환 정권은 민주국가 수립을 열망하는 시민들의 힘에 굴복했고, 마침내 국민이 직접 대통령을 뽑을 수 있도록 헌법을 개정했습니다. 수많은 사람의 희생을 통해 유신헌법 이후 15년 넘게 행사하지 못한 권리를 되찾게 되었습니다.

2장

남은 과제와 한일 우호를 지향하며

1. 한국과 일본에 남은 과제

한국의 식민지 잔재 청산

해방 이후 한반도에서는 일본인이 남긴 제도나 풍습, 통치기구를 청산하고 새로운 나라에 걸맞은 정치기구와 제도를 만들어야 했습니다. 그러나 남한에 들어온 미군은 조선인의 의사를 무시하고 일제 식민 통치 시기 제도와 지배 세력을 그대로 유지했습니다. 또한 친일반민족행위자를 다시 기용해 자신의 정치 세력으로 삼고, 그들의 경험을 활용해 통치했습니다.

1948년 대한민국 정부가 수립된 이후 특별위원회를 만들어 식민지 잔재를 청산하고 일본에 협력한 사람들을 처벌함으로써 민족의 정기를 되찾으려 했습니다. 그러나 정부 관료와 정치가 중에는 친일반민족행위자가 다수를 차지하고 있었기 때문에, 그들은 청산 작업을 방해하며 식민지 시대의 제도를 유지하고자 했습니다.

《친일인명사전》과 홍보 포스터

1990년대 이후 식민지 잔재를 없애려는 노력이 결실을 맺기 시작했습니다. 경복궁 근정전을 가로막고 서 있던 조선총독부 건물을 1995년에 철거했습니다. 그리고 일제가 수많은 독립운동가를 고문하고 살해했던 서대문형무소를 기념관으로 만들었습니다. 또 황국신민을 기른다는 의미를 지닌 '국민학교'라는 명칭을 '초등학교'로 바꾸었습니다.

2005년에는 과거사를 정리하는 차원에서 특별법을 제정했습니다. 이 법에 따라 친일 행위의 진상을 조사해 정부 문서로 남겼고, 그들이 획득한 재산을 국가에 환수시키기 위한 노력을 계속하고 있습니다. 개인과 시민단체에서도 친일반민족행위자 청산을 위한 노력을 지속하고 있습니다. 한 시민단체(민족문제연구소)에서는 국민의 성금을 모아 4,389명의 친일 활동을 정리한《친일인명사전》을 2009년에 발간했습니다.

일본의 평화헌법과 미군기지 문제

1946년에 개정된 일본의 헌법 제9조는 다음과 같습니다. "제1항 일본 국민은 정의와 질서를 기조로 하는 국제 평화를 성실히 희구하며, 국권의 발동에 의거한 전쟁 및 무력에 의한 위협 또는 무력의 행사는 국제 분쟁을 해결하는 수단으로서는 영구히 이를 포기한다. 제2항 전항의 목적을 달성하기 위해 육·해·공군 및 그 이외의 어떠한 전력도 보유하지 않는다. 국가의 교전권 역시 인정하지 않는다."

이것은 일본이 전쟁을 수행하기 위해 군대, 군함, 전투기 따위의 무기를 일체 보유하지 않고, 다른 나라와 분쟁이 일어나도 결코 전쟁이나 무력을 행사하지 않음을 의미했습니다. 그래서 '평화헌법'이라고도 부르는데, 한 나라의 헌법에서 군사력을 보유하지 않겠다고 정한 세계 최초의 헌법입니다.

그러나 헌법 제9조는 공포 이후 이를 위배하거나 확대 해석하는 경우가 발생하면서 위기에 직면해왔습니다. 첫 번째 위기는 공직추방령이 폐지된 것입니다. 아시아·태평양전쟁 때 20만 명이 넘는 공무원과 정치가, 유력 기업 간부들이 전쟁에 협력했기 때문에 GHQ는 이들이 전후 공직에 취임하는 것을 금지했습니다(공직추방령). 그러나 한반도 북부와 중국이 공산화되자 미국은 일본을 '공산주의의 방파제'로 삼았습니다. 1951년 샌프란시스코 강화조약을 맺으면서 공직추방령이 폐지되었으며, 이로써 아시아·태평양전쟁을 주도했던 정치가 등이 다시 활동할 수 있었습니다.

한편, 한국전쟁 때 설치된 경찰예비대는 그 후 자위대로 이름을 바꾸고, 일본의 '자위력' 증강을 위해 인원과 장비를 강화해왔습니다. 그 근거로 일본은 헌법 제9조에서 국가의 '자위권'은 부정하고 있지 않다는 점을 들었습니다. 현재 자위대는 '국제 공헌'이란 기치를 내걸고 해외 활동도 하고 있습니다. 2007년 현재 일본의 방위관계비는 4조 7천 억 엔으로 국가 예산의 5.2퍼센트를 차지하는데, 이는 금액 면에서 보면 세계 5위입니다.

히로시마 시 주변에는 많은 군사기지와 군사시설이 있습니다. 이와쿠니 시에는 미군기지, 가이타초에는 육상 자위대 기지, 구레 시에는 해상 자위대 기지와 탄약고, 그리고 미군의 탄약적출항, 히가시히로시마 시에는 육상 자위대 연습장과 미군 탄약고 등이 있습니다. 아시아·태평양전

쟁 이전부터 일본군이 사용하던 시설을 지금도 자위대와 미군이 사용하
고 있는 것입니다.

이와쿠니 시 시민들은 지금까지 전투기 굉음과 저공비행, 사고를 겪으
며 기지를 반대하는 목소리를 높여왔습니다. 그러나 일본 정부는 이와쿠
니 시에 대한 보조금을 끊는 등 압력을 행사하며 기지를 확장하고 있습
니다.

또한 오키나와에는 일본에 주둔한 미군기지 가운데 75퍼센트가 집중
되어 있습니다. 특수작전 임무를 지닌 해병대 기지를 비롯해 육·해·공
군 기지까지 모두 오키나와에 있습니다. 지금도 훈련 중에 유탄이 민가
로 날아오거나, 장갑차가 학교에 침입하거나, 군용기가 추락하는 사고
등이 일어나고 있습니다. 또한 미군의 범죄도 끊이지 않아 이에 대한 항
의 집회와 기지 철거운동이 계속되고 있습니다.

일본에서는 헌법 제9조를 개헌하려는 움직임이 있는 반면, 일본이 다
시 군국주의의 길을 걷지 않도록 평화헌법을 지키기 위한 운동도 활발하
게 전개되고 있습니다.

● 전사자를 합사한 야스쿠니 신사

야스쿠니 신사는 1868년에 만들어졌습니다. 1867년 덴노 중심의 신정부와 구바쿠후파의 전쟁(무신전쟁, 1868~1869년)에서 덴노 측 전사자 3,500명을 신으로 모신 것이 그 시초였습니다. 대개 신사에는 신화에 나오는 신이나 숭배하는 자연물을 모셨지만, 야스쿠니 신사는 전사자의 영령을 모셨습니다. 그 뒤에도 야스쿠니 신사는 신정부를 위해 죽은 자들을 계속 신으로 모셨고, 신은 계속 늘어났습니다.

  '야스쿠니(靖國)'는 '걱정이 없고 조용하고 평온한 나라'라는 뜻입니다. 따라서 야스쿠니 신사는 덴노의 나라를 지키기 위해 죽은 사람들이 신이 되어 다시 한 번 덴노의 나라를 지킨다는 의미를 지닙니다.

  덴노는 1904년 러일전쟁을 시작으로 해서 전사자를 신으로 모시는 '임시대제(臨時大祭)' 행사를 야스쿠니 신사에서 여러 차례 열었습니다. 그때마다 일본 각지에 있는 유족들을 야스쿠니 신사로 불러모아 신이 된 아들의 부모라며 극진히 대접했습니다. 야스쿠니 신사는 전쟁으로 아들을 잃은 가족의 불만을 흡수하는 장소가 되었습니다. 또한 전쟁에 나가 죽으면 성대한 의식과 함께 신으로 모셔졌기 때문에 일본인들 사이에서는 '죽음을 두려워하지 말라'는 의식도 퍼졌습니다. 이렇듯 야스쿠니 신사는 전쟁을 추진하는 신사의 역할을 했습니다.

  야스쿠니 신사에는 극동국제군사재판에서 A급 전범으로 선고되어 사형된 이들도 모셔져 있습니다. 일본의 총리대신이 야스쿠니 신사에 참배할 때마다 한국과 중국 등에서는 거센 항의운동이 일어납니다. 총리대신의 야스쿠니 신사 참배는 전쟁을 일으킨 사람들에게 경의를 표하는 것이며, 전사자를 신으로 숭상하고 전쟁 자체를 일본 정부가 긍정하고 있음을 보여주는 행동이라고 생각하기 때문입니다. 이에 대해 총리대신의 신사 참배를 지지하는 일본의 정치가들은 '국가를 위해 싸운 분들에게

1937년 임시대제 당시 야스쿠니 신사 앞 풍경

진심으로 추도의 뜻을 나타내기 위한 참배'라고 주장합니다. 하지만 일본 내에서도 총리대신의 야스쿠니 신사 참배에 대해 항의가 일어나고 있습니다. 한편, 야스쿠니 신사에는 일본인만이 아니라, 아시아·태평양 전쟁에 동원된 약 2만 1천여 명의 조선인과 타이완인 등 외국인도 함께 모셔져 있습니다. 2001년, 한국의 유족 55명이 도쿄 지방재판소에 '합사를 중

야스쿠니 무단 합사 취하 소송단 2011년 7월, 야스쿠니 재판 1심 판결 직전에 야스쿠니 무단 합사 취하 소송단이 도쿄에서 양심적인 판결을 촉구하는 시위 행진을 하고 있다. 이러한 노력이 있었음에도 도쿄 지방재판소는 이 소송을 기각했다.

지해 달라'며 일본 정부를 고소했지만, 재판소는 "합사는 종교법인인 야스쿠니 신사가 한 일이라 정부는 아무것도 할 수 없다"라며 유족 측의 고소를 기각했습니다. 또 야스쿠니 신사는 "전사했을 때 일본인이었기 때문에 죽은 후도 당연히 일본인이다. 그리고 일본인 병사로서 죽으면 야스쿠니 신사의 신으로 모셔진다"라고 주장했습니다. 이처럼 한국인을 비롯한 외국인의 합사는 유족의 의견도 듣지 않고 신사 마음대로 결정한 것이었습니다.

⟨안녕, 사요나라⟩ 포스터 2005년 한국과 일본이 공동제작한 다큐멘터리로, 야스쿠니 무단 합사 취하 소송을 한 한국인 유족 이희자 씨와 일제 강점 당시 한국인의 피해 보상을 위해 활동하는 일본인 후루카와 씨 이야기를 토대로 야스쿠니 신사 문제를 다루고 있다. 제목은 평화로운 미래에게 하는 인사말(한국어 '안녕')과 어두운 과거에게 하는 인사말('사요나라'는 헤어질 때 하는 일본의 인사말)이다.

2. 해결되지 않은 식민지 배상

두 나라 국교를 정상화한 한일기본조약

1965년 한국과 일본은 '한일기본조약'을 맺어 국교를 정상화했습니다. 미국의 요청으로 국교 정상화를 서둘러 1951년부터 교섭을 시작했으나 의견 대립으로 체결에 이르기까지는 14년이 걸렸습니다.

한일기본조약의 체결을 앞두고 한일 양국의 시민들은 반대운동을 크게 일으켰습니다. 일본에서는 "조약 체결은 한·미·일의 군사동맹화이며, 일본이 다시 전쟁에 휘말린다"라며 반대했습니다. 한국에서는 "일본과의 조약 체결은, 과거 식민지 지배에 대한 반성과 사죄가 먼저 있어야 하는데, 이것 없이 국교를 정상화하는 것은 굴욕적인 외교"라며 반대했습니다. 이렇듯 반대 이유가 서로 달랐으므로 두 나라의 시민들은 연대하지 못했습니다.

특히 1910년 병합조약의 합법성을 둘러싸고 두 나라의 의견이 크게 대립했습니다. 일본 측은 병합조약과 그에 따른 한국 식민 지배는 합법이라고 주장했습니다. 반면에 한국 측은 조약 체결 과정이 불법으로 진행되었기 때문에 처음부터 무효라고 주장했습니다.

결국 한일기본조약이 체결되었지만 과거사에 대한 인식은 서로 합의하지 못했습니다.

한일기본조약에 이어 4개의 부속 협정도 체결되었습니다. 어업에 관한 협정, 재일 한국인의 법적 지위 및 대우에 관한 협정, 청구권 및 경제 협력에 관한 협정, 그리고 문화재 및 문화 협력에 관한 협정이었습니다. 그런데 청구권 및 경제 협력에 관한 협정에서 일본은 "한국과 일본 간의 개인 배상 청구에 대해서는 완전히 최종적으로 해결했다"라고 하며 한국 정부가 개인에게 배상하도록 했습니다. 그리고 일본은 한국에 무상자금

한일 협정 반대 시위 한국 국민은 식민지 지배에 대한 사과와 배상 문제를 덮어두고 일본과 서둘러 조약을 체결하려는 박정희 정권에 대해 거세게 저항했다.

3억 달러(당시 약 900억 원)와 유상차관 2억 달러에 상당하는 일본의 생산물 및 일본인의 용역을 10년에 걸쳐 제공한다고 되어 있습니다. 이 금액은 당시 한국의 1년 국가 예산보다 많았습니다. 한국 정부는 국내의 반대 여론을 의식하여 3억 달러는 식민지 지배와 관계가 있는 '배상금의 성격을 지닌 것'이라고 국회에서 설명했습니다. 그러나 강제 징용자 중 사망자 8,500여 명에게 25억여 원(당시 일본 통화로 약 1억 8천만 엔)을 지급했을 뿐, 대부분은 항만·도로·철도·댐·공장 등의 건설 자금으로 썼습니다.

그 결과 일본 정부는 청구권 협정으로 아시아·태평양전쟁과 식민지 지배로 피해를 입은 조선인에 대한 배상 문제는 모두 해결되었다고 판단했습니다. 그러나 일본군 '위안부'를 비롯한 수많은 피해자가 배상에서 제외되었습니다. 이들 중 상당수가 1980년대에 들어와 개인 배상을 요구하며 일본 정부를 상대로 재판을 청구했습니다. 초기에는 '해결 완료'라고 답하던 한국 정부도 지금은 '국가 간에는 해결했지만 개인이 재판하고 싶으면 정부는 관여하지 않는다'는 입장을 보이고 있습니다. 한국과 일본 간의 전후 배상 문제는 지금도 해결해야 할 과제로 남아 있습니다. 한편, 일본과 북한 간의 식민지 지배에 대한 청산은 전혀 이루어지지 않았습니다.

◉ 한일기본조약에 대한 서로 다른 이해

제1조 양 체약 당사국 간에 외교 및 영사 관계를 수립한다. 양 체약 당사국은 대사급 외교사절을
지체 없이 교환한다. 양 체약 당사국은 또한 양국 정부에 의하여 합의되는 장소에 영사관을
설치한다.

제2조 1910년 8월 22일 및 그 이전에 대한제국과 대일본제국 간에 체결된 모든 조약 및 협정이
이미 무효임을 확인한다.

이 조약은 한국어·일본어·영어의 3개 국어로 작성되었습니다. 조약의 제2조는 1910년
8월 22일 이전 한국과 일본 사이에 체결된 모든 조약에 대해 영어로 'already null and
void'라고 적었는데, 'already'를 한국과 일본에서는 각자 형편에 따라 달리 해석하고 있습
니다. 즉, 한국 측은 '이미 무효'라고 번역해 한국과 일본이 맺은 조약은 불법이고 강제로
맺어졌기 때문에 '체결 자체가 무효'라고 해석합니다. 그러나 일본 측은 '이제는 무효'라고
번역해 '1945년 이전에 맺은 조약은 합법적이고 유효했지만 1945년 이후에는 효력이 없어
졌다'라고 해석합니다.

2010년 한국과 일본의 지식인 1천여 명이 한국 강점(병합) 100년을 맞이하여, "한국병합
은 대한제국의 황제로부터 민중에 이르기까지 모든 사람의 격렬한 항의를 군대의 힘으로
짓누르고 실현시킨, 문자 그대로 제국주의 행위이며, 불의부정(不義不正)한 행위였다. (중략)
조약의 전문(前文)도 거짓이고 본문도 거짓이다. 조약 체결의 절차와 형식에도 중대한 결점
과 결함이 보이고 있다. 한국병합에 이르는 과정이 불의부당하듯이 한국병합조약도 불의부
당하다"라고 선언했습니다.

일본군 '위안부' 문제

1991년 김학순 할머니가 처음으로 자신이 일본군 '위안부'였다고 밝히며 비참했던 당시 생활을 증언했습니다. 그 뒤로 일본군이 관여한 사실을 알려주는 위안소 관련 자료들이 발굴되었습니다. 일본군 '위안부'였던 이들과 후원자들은 일본 정부의 공식 사과와 법적 배상을 촉구하며 일본군 '위안부' 소송을 제기했습니다.

1992년, 일본군 '위안부' 3명과 여자근로정신대 대원 7명이 일본 정부를 상대로 손해배상과 공식 사죄를 요구한 소송을 제기했습니다(관부재판). 1998년 1심에서는 국가의 배상 책임을 인정해 일본군 '위안부' 3명에게 배상금을 지불하도록 명령했습니다. 배상금은 적은 금액이었지만 재판에서 국가, 즉 일본에게 배상을 명령한 것은 획기적인 사건이었습니다. 그러나 2심과 최고재판소에서는 일본군의 관여를 인정하면서도 "일본 정부에게 그 책임을 지울 수 없다"라는 판결을 내렸습니다.

한편, 일본 정부는 1993년 관방장관이 '마음으로부터 사과와 반성'을 한다는 성명만 내놓았을 뿐, '정부의 책임은 없다'는 입장을 되풀이하고 있습니다. 배상금에 대해서도 피해자에게는 법적 배상이 아닌 위로금 명

1,000회를 맞이한 수요시위(왼쪽)와 '평화비' 소녀상(오른쪽). '평화비' 소녀상 왼쪽 바닥돌에는 "1992년 1월 8일부터 이곳 일본대사관 앞에서 열린 일본군 '위안부' 문제 해결을 위한 수요시위가 2011년 12월 14일 천 번째를 맞이함에, 그 숭고한 정신과 역사를 잇고자 이 평화비를 세우다"라는 글이 한국어와 영어, 일본어로 새겨져 있다.

목으로 민간의 성금을 모아 지급하면서 문제를 해결하려 했습니다. 피해자 상당수는 이 같은 명목으로 돈을 받을 수는 없다며 거부했습니다.

현재 경기도 광주시에는 일본군 '위안부'로 고통을 겪었던 할머니들이 함께 생활하고 있는 '나눔의 집'이 있습니다. 할머니들은 매주 수요일 서울의 일본대사관 앞에서 일본군 '위안부' 문제의 해결을 촉구하며 시위를 벌이고 있습니다. 1992년부터 시작된 수요시위는 지금까지 이어지고 있습니다. 2007년에는 미국 하원, 네덜란드 의회, 캐나다 의회, EU 의회에서 일본군 '위안부' 문제에 대해 일본 정부가 공식적으로 사죄하고 배상할 것을 촉구하는 결의를 채택했습니다. '나눔의 집' 할머니들과 한국정신대문제대책협의회(정대협)●을 비롯한 일본군 '위안부' 관련 단체들이 멈추지 않고 투쟁해서 얻은 성과였습니다.

징용자 문제

1960년대 후반부터 징용으로 끌려가 일본 기업 미쓰비시에서 일했던 사람들은 일본 정부와 미쓰비시를 상대로 미지급 임금 지불과 강제연행에 대한 책임을 묻고 사죄와 배상을 요구하며 계속 교섭했습니다. 미쓰비시는 1948년 노동자의 미지급 임금을 일본 법무국에 '공탁'해두었습니다. 그러나 강제징용자들은 이 공탁명부를 열람하는 것조차 쉽지 않았습니다. 징용된 사람 대부분은 식민지 시대에 창씨개명을 했기 때문에 공탁명부에는 이 이름이 기록되어 있었습니다. 일본 법무국은 공탁명부에 적힌 이름과 신청인이 동일인이라는 증거를 요구했습니다. 창씨개명으로 인한 고통은 과거에 끝난 일이 아니었습니다. 어렵게 공탁명부를 열람할수 있었지만 결국 체불임금은 돌려받지 못했습니다.

미쓰비시 강제징용자들은 마지막 수단으로 소송을 제기했습니다. 20년이 지나도 일본 정부에게서 성의 있는 회답이 없었기 때문입니다. 그

● 한국정신대문제대책협의회(정대협)는 일본군 '위안부' 문제 해결과 피해자들의 명예회복을 위해 1990년 창립했다. 1992년 1월부터 매주 열리는 '수요시위'를 주관하고 있으며, 생존자 복지는 물론 국제 사회에 일본군 '위안부' 문제를 알리는 활동을 하고 있다. 2012년 5월에는 일본군 '위안부' 피해자들과 한국과 일본의 여러 후원자의 기부로 역사의 진실을 알리고 평화교육을 할 수 있는 '전쟁과 여성인권박물관'을 개관했다.

미쓰비시 중공업 징용 피폭
자 재판 승소 판결 히로시
마의 미쓰비시 중공업에 징용
되었던 조선인 피폭자들은 피
폭당한 지 62년, 재판을 제소
한 지 12년 만인 2007년에
재판에서 승소했다. 하지만
미지급금 등의 과제가 아직
남아 있다.

러나 재판 또한 12년이나 걸렸습니다. 2007년 11월 일본 최고재판소는
히로시마의 미쓰비시 중공업에 징용당했던 조선인 원폭 피해자와 일본인
원폭 피해자에 대해 일본 정부가 차별대우하는 것은 위법이며 손해배상
을 인정했습니다. 분명 획기적인 원고 승소였습니다. 하지만 그들이 히로
시마에서 피폭을 당해야만 했던 가장 근본적인 원인인 일본의 조선 식민
지 지배와 강제연행에 대한 국가의 책임은 묻지 않았습니다. 또한 미쓰비
시의 강제연행과 강제노동 및 임금 미지급에 대해서는 일부 불법행위를
인정하면서도 손해배상은 인정하지 않았습니다. 일부 승소한 부분도 있
었지만 많은 피해자가 이 사실을 알지도 못하고 세상을 떠났습니다.

한편, 2006년 한국 정부는 일본에 강제징용된 사람들 중 죽거나 다친
사람, 그리고 미지급 임금이 있는 약 103만 명에 대해서 경제적인 지원
과 사회복지정책을 실시한다고 발표했습니다. 그러고는 "한일 청구권 협
정 뒤 한국 정부의 배상이 충분하지 못했다는 인식에 따라 도의적인 의
미로, 또한 국민 화합의 의미에서 지원을 실시한다"고 설명했습니다.

징병자 문제

일본은 조선의 젊은이를 '일본인'으로서 전쟁에 동원했습니다. 그러나 일본 정부는 전쟁이 끝나고 나서 이들에 대해 아무런 배상도 하지 않았습니다. 일본에서는 1953년 '군인은급(연금)'을 부활시켜 전쟁 중 군인·군속이었던 사람에게 다달이 돈을 지급하고 있습니다. 수급자가 죽은 경우에는 그 아내에게 '유족연금'이 지급됩니다. 그 밖에 전쟁으로 장애를 입은 사람에게는 '장애연금'이 지급됩니다. 일본 정부는 연간 약 1조 엔을 전쟁에 나갔던 군인과 그 유족에게 계속 지불하고 있습니다. 그러나 일본 국적을 가지지 않는 사람은 보상에서 제외되었습니다.

조선인이지만 '일본인'으로 전쟁에 동원되었는데 아무런 배상도 받지 못한 이들은 일본 정부를 상대로 재판을 청구했습니다. 그러나 일본 재판소는 배상을 인정하지 않았습니다. 한일기본조약과 함께 맺어진 '청구권 협정'(1965년)에 따라 청구권에 관한 문제는 해결되었다는 입장이었습니다.

피폭자 문제

1951년 '샌프란시스코 강화조약'에 따라 일본 정부는 연합국에 대한 배상청구권●을 포기한다고 규정했습니다. 그러므로 원폭 피해를 입은 이들에게 보상할 국제적인 책임은 일본 정부가 져야 합니다. 그러나 일본 정부는 아직까지 그 의무를 다하지 않고 있습니다.

일본 정부는 직접 피폭당한 사람과 피폭 직후 히로시마와 나가사키에 들어온 사람에게 '피폭자 건강 수첩'을 발행하고 있습니다. 피폭자 건강 수첩을 발급받은 사람에게는 건강진단과 치료를 해주고, 매달 건강 관리 수당을 지급하고 있습니다. 그러나 일본에 거주하지 않는 재외 피폭자에게는 피폭자 건강 수첩을 발급하지 않았습니다.

● 불법적인 전쟁 행위로 인해 발생한 모든 문제에 대해 금전적 배상을 요구하는 청구권을 일컫는다.

1972년 한국인 피폭자인 손진두 씨가 재판에서 승소함으로써 재외 피폭자도 일본 원호법의 대상이라는 판결이 내려졌습니다. 일본 정부는 재외 피폭자에게 피폭자 건강 수첩을 발급했습니다. 하지만 피폭자 건강 수첩은 일본 국내에 체류할 때만 유효하며 출국하면 원호법에 따른 건강 관리 수당을 지급하지 않는다는 '통달(행정명령)'을 내렸습니다. 1994년 피폭자 원호를 더 충실하게 반영한 '피폭자원호법'이 제정되었지만 재외 피폭자에게는 적용되지 않았습니다.

1998년, 히로시마에서 피폭당해 한국에 살고 있던 곽귀훈 씨가 '피폭자는 어디에 있어도 피폭자'라는 구호를 내걸고 소송을 제기했습니다. 이 재판을 통해 '원호법의 평등 적용'을 요구하는 운동이 널리 확대되었습니다. 또한 2007년 미쓰비시 징용 노동자 피폭자 재판에서는 국가가 재외 피폭자를 원호하지 않은 것은 위법이므로 120만 엔을 배상하도록 명령했습니다. 여러 차례 소송을 거치면서 재외 피폭자들은 일본에 있지 않아도 피폭자 건강 수첩, 건강 관리 수당 등을 신청하고 지급받을 수 있게 되었습니다. 그런데 이마저도 일본 공관이 있는 곳에서만 가능했습니다. 다만 타이완은 일본과 국교를 맺지 않아 일본 공관이 없지만 타이완 피폭자에게 고시를 통해 수당과 의료비를 지급하고 있습니다. 반면, 똑같이 국교를 맺지 않은 북한에는 피폭자에게 어떠한 배상도 하지 않고 있습니다.

피폭자 건강 수첩 한국원폭피해자협회 전 회장 곽귀훈 씨의 피폭자 건강 수첩이다. 일본 정부를 상대로 오랜 법정 투쟁을 벌인 결과 한국인 원폭 피해자 2,482명도 2002년 피폭자 건강 수첩을 발급받았으며, 이후 일본 원호법의 적용도 받을 수 있게 되었다. 2012년 말 현재 피폭자 건강 수첩을 발급받은 한국인 원폭 피해자는 2,533명(생존자)이다.

히로시마와 나가사키에서 피폭당한 조선인 약 7만 명 가운데 살아 있는 이는 3만 명입니다. 그 가운데 약 2만 3천 명이 해방 이후 귀국했습니다. 북한의 피폭자는 2007년에 1,911명이 확인되었으

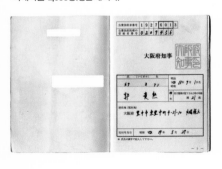

◉ 히로시마에서 피폭된 합천 사람들

1945년 8월 6일 원폭이 떨어졌을 때, 나와 큰아이는 방공호 속에 있고 남편은 마구간에 있어 도움이 되었지만, 작은아이는 밖에서 잠자리를 잡다 반신에 큰 화상을 당하고 말았다. 집이 무너져 살 수 없게 되어, 우리는 말을 타고 아키나카노라는 곳으로 도망쳐 산속의 작은 집에서 잠시 생활했다. 그곳에서 조국해방을 맞이하고 8월 말에 합천으로 돌아왔다. (중략) 전답을 가지지 못한 우리 부부는 행상으로 생계를 꾸릴 수밖에 없었다. 여러 물건을 이곳저곳에 팔기 위해 돌아다녔다. 그러는 동안 작은아이는 큰 화상으로 고통스러워했지만 아무런 치료도 해줄 수 없었기 때문에 귀국 후 1년여 남짓 만에 죽어버렸다. (중략) 아이들이 자라고 생활도 겨우 안정되었으므로, 나는 1980년에 히로시마의 원폭병원에서 2개월의 도일 치료를 받았다.

〈한국의 히로시마—정학연의 이야기 중에서〉

히로시마 평화공원 안에 있는 한국인 원폭희생자 위령비 히로시마에서 원폭으로 희생된 한국인들을 기리기 위해 세운 비로, 매년 이 비 앞에서 재일 한국인들을 중심으로 위령제가 열린다.

히로시마에서 피폭당한 조선인이 한국에 건너와 가장 많이 거주하는 지역이 경상남도 합천입니다. 합천 출신의 피폭자는 약 6천 명이 넘는다고 합니다. 합천의 원폭피해자복지회관은 일본 정부와 한국 정부의 지원으로 설립되었습니다. 여기에서는 피폭자를 대상으로 양로원을 운영하며, 건강 진단과 치료, 요양 복지 활동 등을 하고 있습니다. 2010년 4월 현재 110명이 서로 도우면서 생활하고 있습니다.

합천 원폭피해자복지회관 위령각의 위패 현재 이 위령각에는 한국인 피폭자 약 700명의 위패가 모셔져 있다.

나 그 가운데 1,529명은 이미 사망했고, 살아 있는 이들도 고령이라 시급한 대책이 필요합니다. 한편, 한국에도 피폭을 증명해줄 증인과 일본에 있었다는 증거가 없어서 피폭자 건강 수첩을 교부받지 못한 사람이 수백 명에 이릅니다.

한국 문화재 반환 문제

일본 각지의 박물관에는 조선의 귀중한 문화유산이 많이 진열되어 있습니다. 그중에는 조선의 유적지에서 강탈해간 문화재도 많이 있습니다.

러일전쟁 후 일본에서 전문 도굴꾼이 대거 조선으로 건너와 왕과 지배층의 무덤을 도굴했습니다. 도굴품은 일본의 고위 관료와 상인의 손에 넘어갔습니다. 이토 히로부미는 일본의 유력자들에게 선물하기 위해 도굴된 고려청자 수천 점을 구입하기도 했습니다.

1964년 6월, 대구에서는 보물 소동이 일어났습니다. 일제강점기에 오구라 다케노스케가 살았던 집에서 한국 문화재 140여 점이 발견되었습

고향을 잃어버린 승탑(왼쪽) 오구라의 대구 집 정원에 있던 2기의 승탑은 현재 경북대학교 야외 박물관에 전시되어 있다. 불법적으로 수집되었기 때문에 승탑의 주인공뿐 아니라 원래 어느 사찰에 있었는지도 알 수 없다.

금동투조관모(오른쪽) 현재 도쿄국립박물관에 전시된 오구라 컬렉션 중에는 가야 시대 고분에서 출토된 유물이 많다. 이 관모는 화려하고 섬세한 가야 문화의 대표적인 유물로 평가되고 있다.

니다. 오구라는 대구에서 사업을 하면서 번 돈으로 많은 문화재를 수집했습니다. 신라와 백제, 가야의 고분에서 출토된 금관과 말 장식물 등을 구입하거나 도굴하여 대량으로 수집했습니다. 그는 수집한 문화재를 일본의 고향으로 보내 은밀하게 보관했는데, 그 밖에 가지고 갈 수 없었던 수집품은 지하실에 숨겨두었던 것입니다. 일본에 보낸 수집품 1,100여점은 현재 도쿄국립박물관에 '오구라 컬렉션'으로 소장되어 있습니다.

해외에 흩어져 있는 한국의 문화재는 7만 점이 넘는데 그 가운데 46퍼센트가 일본에 있다고 합니다. 이는 박물관이 소장하고 있는 공식적인 문화재만으로, 개인이 소장하고 있는 것은 포함되지 않았습니다. 한일기본조약을 맺을 때 한국은 4,479점의 문화재 목록을 일본 정부에 건네며 반환을 요구했습니다. 그러나 일본은 1,431점을 '기증'하는 데 그쳤습니다. 강탈한 유물을 돌려주는 의미의 '반환'이 아닌 '기증'이라는 형식을 취한 것입니다.

한편, 2010년 11월 한국과 일본 정부는 일제강점기에 일본으로 유출된 조선왕실의궤 등 문화재급 도서 1,205권을 한국에 돌려주는 협정에 서명했습니다. 이들 도서는 2011년 12월 모두 반환되었습니다.

한국과 일본의 청소년이 평화와 우호의 첫걸음을 내딛기 바라며

길고 긴 터널을 뚫고 지나왔습니다. 출구를 발견할 수 있을까 불안했던 적도 있었지만 지금은 산뜻한 푸른 하늘을 마주하고 있습니다. 이 책이 나오기까지 6년이란 세월이 걸렸습니다. 오랜 시간이 걸린 만큼 많은 분께 심려를 끼쳤습니다. 그럼에도 주위 분들 모두 격려와 지지를 아끼지 않고 보내주셨습니다. 모든 분께 고마운 마음을 전합니다.

한일 공통의 역사책 만들기는 11년이란 역사를 가지고 있습니다. 2001년 8월 3일 한국의 전국교직원노동조합(전교조) 대구지부 조합원들이 일본 히로시마 현을 방문했습니다. 이들은 히로시마 평화기념공원을 가장 먼저 방문하여 한국인 원폭희생자 위령비에 헌화하고 평화기념자료관을 견학했습니다. 그리고 전교조 대구지부와 히로시마현교직원조합은 평화와 인권 교육을 함께 추진하기 위해 〈상호 교류와 협력에 관한 의정서〉를 교환했습니다. 그리고 양국의 교직원으로 집필위원을 구성해 공통의 역사책을 만들기로 합의했습니다.

이에 따라 2002년에 한일 공통 역사책을 만들기 위한 회의가 처음 열렸습니다. 이때부터 두 나라 집필진은 참으로 많은 일을 함께 겪었습니다. 열띤 토론을 벌이거나 어떻게 문제를 풀어야 할지 몰라 침묵하던 일도 여러 번 있었습니다. 그렇게 4년의 세월을 보낸 후 2005년에 《조선통신사》를 출간했습니다.

《조선통신사》는 우리가 생각했던 것보다 많은 사람들한테 관심을 받았습니다. 많은 독자가 격려와 응원의 메시지를 보내주었습니다. 우리는 그 덕분에 자신감과 의욕을 가지고 2005년 7월, 두 번째 한일 공통의 역사책으로 두 나라의 근현대사를 함께 집필해 출간하기로 했습니다.

모임에는 새로운 구성원이 참여했습니다. 그리고 '국가와 민족을 넘어 객관적으로 사실을 다룬다', '지역사를 살려서 기술하되, 백과사전식 서술은 하지 않는다', '민중의 시각으로 당시 인물들의 삶과 생활을 다룬다'라는 집필 원칙을 정했습니다. 출발은 순조로웠습니다. 그런데 곧 몇 가지 암초에 부닥쳤습니다. 집필진이 각자 자신이 맡은 분야를 상세하고 길게 서술하려고 했기 때문입니다. 저마다 '이 내용만은 확실히 써서 읽히고 싶다'는 의견이 강해 집필 내용과 분량을 조정하는 데 오랜 시간이 걸렸습니다. 그전에 비해 집필자가 많아진 데다 서술 내용도 다방면에 걸쳐 있어서 내용이 중복되거나 누락되기도 했습니다. 이런 부분들을 정리하는 데도 시간이 많이 걸렸습니다.

한국과 일본에서 수십 차례의 회의가 열렸습니다. 그런데 집필자 모임을 여는 일도 쉽지만은 않았습니다. 특히, 히로시마 현의 선생님들은 지역별로 서로 멀리 떨어져 있어 평일에는 회의가 거의 불가능했고, 휴일 모임 또한 일정을 잡는 데 많은 노력이 필요했습니다. 두 나라 교사들은 방학 때마다 만남을 가졌습니다. 10여 차례의 국제회의를 열기 위해 일정을 조정하는 일도 만만찮았습니다. 두 나라 집필진이 만나기 위해서는 여러 준비가 필요했는데, 그중에서도 원고를 번역하는 일에 상당히 많은 시간을 들였습니다.

집필진은 번역한 원고를 토대로 각각의 기술에 차이는 없는지, 틀리거나 빠진 내용은 없는지 하나하나 점검하면서 자료를 확인하고 원고를 수정해나갔습니다. 처음에는 《조선통신사》를 출간한 경험이 있으니 의사소통이 잘될 것이라고 생각했습니다. 그러나 이번 근현대사 책을 만들 때는 의견 충돌이 많았습니다. 예를 들어 '전후 보상'이라고 표기할 것인지 '전후 배상'으로 표기할 것인지, 창씨개명을 어떻게 기술할 것인지, 일일이 다 헤아릴 수 없을 정도입니다.

여러 사정으로 집필 기간이 길어지는 가운데 일본 집필진의 중심 역할을 해온 고다마 선생님이 병으로 쓰러져, 결국 2010년 1월 25일 돌아가셨습니다. 고다마 선생님과 함께 이 책의 출간을 축하할 수 없게 되어 무척 아쉽습니다.

이런 지난한 과정을 거쳐 드디어 6년 만에 한국과 일본 두 나라 집필진 모두가 만족할 만한 원고를 만들 수 있었습니다. 이 책에는 한국과 일본의 관계사에 좀 더 주목했기 때문에 미처 담아내지 못한 내용도 있습니다. 이는 우리 모임의 다음 과제로 남기고자 합니다.

이 책이 나오기까지 많은 시간이 걸렸지만 히로시마와 대구 집필진의 신뢰 관계는 한 번도 무너진 적이 없었습니다. 국가의 틀을 넘어 한국과 일본의 청소년이 공통으로 배울 수 있는 역사책을 만들겠다는 굳건한 의지와, 함께 고생하면서 쌓아온 동료 의식이 양국 집필진의 관계를 더욱 두텁게 해주었습니다.

끝으로 이 책을 만드는 과정에서 많은 분의 도움을 받았습니다. 이 책의 발아점이 된 〈의정서〉를 체결한 야마이마 아키라 히로시마현교직원조합 전 집행위원장님과 김형섭 전교조 전 대구지부장님을 비롯해, 두 조합의 전·현직 집행부의 적극적인 지원에 감사합니다. 국제회의 때마다 막힌 부문을 뚫어주고 조율해준 도쿄하카쿠엔대학 명예교수 김양기

222

선생님, 그리고 오랜 기간 힘든 일을 마다하지 않고 한일 양쪽에서 통역과 다리 역할을 해온 히로시마평화교육연구소 이승훈 선생님에게 감사드립니다. 이 밖에도 원고를 만드는 과정에 여러가지 도움을 준 분들이 많이 있습니다. 성공회대학교 한홍구 선생님, 경북대학교 김창록 선생님, 계명대학교 이윤갑 선생님, 그리고 '정신대 할머니와 함께하는 시민모임'을 비롯한 여러 시민사회단체에서 원고 내용을 검토해주었을 뿐 아니라, 사진과 도판 자료를 제공해준 덕분에 이 책이 무사히 탄생할 수 있었습니다. 일일이 다 열거하지 못하지만, 모두 감사합니다.

우리는 이 책을 두 나라 청소년이 함께 읽게 되기를 바랍니다. 또한 두 나라 역사 교사들이 이 책을 수업 시간에 교재로 적극 활용할 수 있었으면 합니다. 한국과 일본 두 나라 청소년이 역사인식을 공유하는 것이야말로 평화와 우호의 관계로 나아가기 위한 첫걸음이라고 생각합니다. 두 나라의 평화와 민주주의를 위해 이 책이 조금이나마 도움이 되길 바랍니다.

| 참고문헌 |

〈한국〉

강동진, 《한국을 장악하라 ― 통감부의 조선침략사》, 아세아문화사, 1995.

강만길, 《고쳐 쓴 한국근대사》, 창비, 2006.

강준만, 《한국 현대사 산책》(전18권), 인물과사상사, 2006.

강창일, 《근대 일본의 조선 침략과 대아시아주의》, 역사비평사, 2002.

국사편찬위원회 편, 《조선이 본 일본》, 두산동아, 2009.

근현대사네트워크, 《우리 현대사 노트》, 서해문집, 2007.

금병동, 최혜주 옮김, 《일본인의 조선관 ― 일본인 57인의 시선, 그 빛과 그림자》, 논형, 2008.

금병동, 최혜주 옮김, 《조선인의 일본관 ― 600년 역사 속에 펼쳐진 조선인의 일본인식》, 논형, 2008.

김도형 외, 《근대 대구 · 경북 49인 ― 그들에게 민족은 무엇인가》, 혜안, 1999.

김삼웅, 《을사늑약 1905, 그 끝나지 않은 백년》, 시대의창, 2005.

김용덕 외 공편, 《근대교류사와 상호인식》 1, 고려대학교 아세아문제연구소, 2001.

나카쓰카 아키라, 성해준 옮김, 《근대 일본의 조선인식》, 청어람미디어, 2005.

다카사키 소지, 이규수 옮김, 《식민지 조선의 일본인들》, 역사비평사, 2006.

다테노 아키라, 오정환 옮김, 《그때 그 일본인들》, 한길사, 2006.

미즈노 나오키, 정선태 옮김, 《창씨개명》 산처럼. 2008.

박천홍, 《매혹의 질주, 근대의 횡단》, 산처럼, 2002.

브루스 커밍스, 김자동 옮김, 《한국전쟁의 기원》, 일월서각, 1986.

아손 그렙스트, 김상렬 옮김, 《스웨덴 기자 아손, 100년 전 한국을 걷다》, 책과함께, 2005.

연세대학교 국학연구원, 《개항 전후 한국사회의 변동》, 태학사, 2006.

윤병석, 《안중근문집》, 한국독립운동사연구소, 2011.

윤진현, 《한국독립운동사》, 이담북스, 2010.

윤해동, 《지배와 자치》, 역사비평사, 2006.

일본역사교육자협의회, 《동아시아역사와 일본》, 동아시아, 2005.

조항래, 《한말 일제 한국침략사 연구》, 아세아문화사, 2006.

최문형, 《한국을 둘러싼 제국주의 열강의 각축》, 지식산업사, 2001.

친일인명사전편찬위원회, 《친일인명사전》, 민족문제연구소, 2009.

하야시 히로시게, 김성호 옮김, 《미나카이 백화점》, 논형, 2007.

한일관계사연구논집 편찬위원회, 《근현대 한일관계 연표》, 경인문화사, 2006.

한중일3국공동역사편찬위원회, 《미래를 여는 역사》, 한겨레출판, 2005.

홍선표, 《근대의 첫 경험 — 개화기 일상 문화를 중심으로》, 이화여자대학교출판부, 2006.

황현, 임형택 외 옮김, 《역주 매천야록》 상·하, 문학과지성사, 2005.

〈일본〉

'民族差別と人權 問題小委員會 編集, 《この差別の壁をこえて―わたしたちと朝鮮》 2(改訂新版), 公人社, 1992.

李彦叔, 石渡延男·三橋廣夫·三橋ひさ子 譯, 《世界の教科書シリーズ わかりやすい 韓國の歷史》, 新裝版, 明石書店, 1998.

井口和起, 《日本帝國主義の形成と東アジア》, 名著刊行會, 2000.

李相琴, 帆足次郎(イラスト), 《半分のふるさと―私が日本にいたときのこと》, 福音館書店, 1993.

石渡延男·三橋廣夫 譯, 《世界の教科書シリーズ 入門韓國の歷史》, 新裝版, 明石書店, 1998.

市場淳子, 《ヒロシマを持ちかえった人々 — 韓國の廣島 はなぜ生まれたのか》, 凱風社, 2000.

大阪人權歷史資料館 編纂, 《朝鮮侵略と强制連行 — 日本は朝鮮で何をしたか?》, 解放出版社, 1992.

姜德相·鄭早苗·中山淸隆, 《圖說 韓國の歷史》 改訂版, 河出書房新社, 1988.

在日本大韓民國民中央民族敎育委員會, 作成委員會 編集, 《歷史敎科書在日コリアンの歷史》, 明石書店, 2006.

申奎燮, 大槻健·君島和彦 譯, 《世界の教科書シリーズ 新版韓國の歷史 第2版》, 明石書店, 2003.

全國歷史敎師の會 編集, 《世界の教科書シリーズ 躍動する 韓國の歷史》, 明石書店, 2004.

宋讚燮·洪淳權, 《世界の教科書シリーズ 槪說 韓國の歷史》, 明石書店, 2003.

朝鮮人强制連行眞相調査, 《朝鮮人强制連行調査の記錄 中國編》, 柏書房, 2001.

中塚明, 《これだけは知っておきたい日本と韓國·朝鮮の歷史》, 高文研, 2002.

中塚明, 《歷史の僞造をただす―戰史から消された日本軍の '朝鮮王宮占領'》, 高文研, 1997.

日中韓3國共通歷史敎材委員會, 《未來をひらく歷史 日本·中國·韓國共同編集 東アジア3國の近現代史》, 高文研, 2005.

朴慶植, 《朝鮮人强制連行の記錄》, 未來社, 1965.

樋口雄一, 《同成社近現代史叢書 日本の朝鮮·韓國人》, 同成社, 2002.

廣島縣朝鮮人被爆者協議會 編集, 《白いチョゴリの被爆者》, 勞働旬報社, 1979.

松井愈·梅林宏道·吉池俊子·林茂夫·渡邊賢二, 《戰爭と平和の事典 現代史を讀むキーワード》, 高文研, 1995.

宮嶋博史 外, 《植民地近代の視座 朝鮮と日本》, 岩波書店, 2004.

宮嶋博史·金容德 編集, 《近代交流史と相互認識 1 ― 日韓共同研究叢書》, 慶應義塾大學出版會, 2001.

宮嶋博史·金容德 編集, 《近代交流史と相互認識 2 ― 日帝支配期 日韓共同研究叢書》, 慶應義塾大學出版會, 2005.

安川壽之輔, 《福澤諭吉のアジア認識 ― 日本近代史像をとらえ返す》, 高文研, 2000.

山田照美·朴鐘鳴, 《在日朝鮮人 ― 歷史と現狀》, 明石書店, 1991.

吉野誠, 《明治維新と征韓論―吉田松陰から西鄕隆盛へ》, 明石書店, 2002.

| 연표 |

연도	한국	일본	세계
1811	조선통신사 파견 중단		
1840			청, 아편전쟁(~1842, 난징조약 체결, 홍콩 할양)
1853		미국 페리 제독 내항	
1854		미일화친조약. 일본 개국	
1858		미일수호통상조약	
1860	동학 창시		청, 양무운동(~1861)
1862	임술농민봉기		
1863	고종 즉위	사쓰에이전투	
1864		4개국 연합 함대 시모노세키 점령	
1866	병인양요		
1868		메이지유신	
1869		야스쿠니 신사 건립	
1871	신미양요	산발탈도령	
1872		류큐 왕국, 류큐 번으로 편입	
1874		타이완 침공	
1875	운요호 사건(강화도사건)		
1876	조일수호조규(강화도조약). 조선 개항		
1879		류큐 번 폐지, (오키나와 현으로 개편)	
1882	임오군란. 조미수호통상조약		독일 · 오스트리아 · 이탈리아, 삼국동맹 (~1915)
1884	갑신정변		청프전쟁(~1885)
1885		톈진조약(일본-청)	톈진조약(청-프랑스)
1889		대일본제국헌법 (메이지헌법) 발포	

1894	동학농민운동. 갑오개혁	청일전쟁(~1895)	
1895	을미사변. 단발령	시모노세키조약. 삼국간섭	
1896	아관파천. 독립협회 결성		
1897	대한제국 수립. 고종 황제 즉위		
1899	대한국 국제 반포. 경인선 개통		
1900			청. 의화단운동. 8개국 연합군 베이징 점령
1902		제1차 영일동맹	
1904	한일의정서 체결	러일전쟁(~1905)	
1905	을사조약	가쓰라–태프트 밀약. 제2차 영일동맹. 포츠머스조약	
1906	통감부 설치		
1907	국채보상운동. 헤이그 특사 파견. 고종 황제 강제 퇴위. 신민회 결성		영국·프랑스·러시아. 삼국협상
1908	동양척식주식회사 설립		
1909	안중근, 이토 히로부미 사살	간도협약(일본–청)	
1910	한국병합. 토지조사사업(~1918)		
1911			청. 신해혁명
1912			중화민국 성립
1914		제1차 세계대전(~1918) 참전. 중국에 21개조 요구	
1917			러시아 혁명
1918		쌀 폭동	
1919	3·1독립운동. 대한민국임시정부 수립		파리강화회의. 중국, 5·4운동
1920	간도참변		
1921			워싱턴회의
1922		수평사 결성	
1923	형평사 결성	간토대지진	

1925	치안유지법		
1926	6·10만세운동		
1927	신간회 결성(~1931)		
1929	원산총파업. 광주학생항일운동		
1931		만주사변	
1932			중국, 제1차 상하이사변
1933		국제연맹 탈퇴	
1937		중일전쟁 발발. 난징대학살	
1938		국가총동원법 공포	
1939		조선에 국민징용령 제정	제2차 세계대전(~1945)
1940	한국광복군 창설	조선에 창씨개명 법령 발표	
1941	임시정부, 대한민국 건국 강령 발표	진주만 기습 공격. 아시아·태평양전쟁(~1945)	
1943		조선에 학도지원병제 실시	
1944		조선에 징병제 실시. 여자 정신대 근무령 시행	
1945	해방. 38도선 분할	미국 원자폭탄 투하 (히로시마, 나가사키). 일본 항복. GHQ 설치	얄타 회담. 독일 항복, 국제연합 성립
1946	10월항쟁	일본국헌법 공포	
1947		외국인등록령 시행	
1948	제주4·3사건. 대한민국 수립. 조선민주주의인민공화국 수립.	극동국제군사재판 종결	
1949			중화인민공화국 수립
1950	한국전쟁(~1953)	경찰예비대 발족	
1951		샌프란시스코 강화회의	
1952		샌프란시스코 강화조약 발효. 일본 주권 회복	
1953	한미상호방위조약		
1954		자위대 정식 발족	
1956		국제연합 가입	

1960	2 · 28민주운동. 4월혁명		
1961	5 · 16쿠데타		
1964		도쿄올림픽 개최	
1965	한일기본조약. 한일 국교 수립		베트남전쟁(~1975)
1966			중국, 문화대혁명(~1977)
1972	유신헌법 공포	중일 수교. 오키나와 일본에 복귀	
1978		일중 평화 우호 조약 체결	
1980	5 · 18광주민주화운동	지문 날인 거부운동 시작	
1987	6월민주화운동		
1988	서울올림픽 개최		
1989			중국, 텐안먼 사건. 동서독, 베를린 장벽 붕괴
1991	남북한 국제연합 동시 가입		
1992	한중 국교 수립. 일본군 '위안부' 수요시위 시작	외국인 등록법 개정	
1994		피폭자원호법 제정	
1997			영국, 중국에 홍콩 반환
1998	한일공동선언	일중공동선언	
2000	남북정상회담	도쿄국제여성법정	
2001	일본 정부에 야스쿠니 신사 무단 합사 취하 소송 제소		9 · 11 테러
2002	한일 월드컵 공동 개최		
2007		미쓰비시 중공업 징용 한국인 피폭자 재판 승소 판결	
2009	《친일인명사전》 발간		
2010		한국에 문화재급 도서 반환	
2011		3 · 11 대지진. 후쿠시마 원전 사고	

한국과 일본, 그 사이의 역사

두 나라 역사 교사가 같이 쓰고 청소년이 함께 읽는 한일 근현대사

지은이 | 한일공통역사교재 제작팀

1판 1쇄 발행일 2012년 11월 30일
1판 3쇄 발행일 2014년 11월 10일

발행인 | 김학원
경영인 | 이상용
편집주간 | 위원석
편집장 | 최세정 황서현
기획 | 문성환 박상경 임은선 최윤영 조은실 조은화 전두현 최인영 이혜인 정다이 이보람
디자인 | 김태형 임동렬 유주현 최영철 구현석
마케팅 | 이한주 김창규 이선희 이정인
저자 · 독자 서비스 | 조다영 채한을(humanist@humanistbooks.com)
스캔 · 출력 | 이희수 com.
조판 | 새일기획
용지 | 화인페이퍼
인쇄 | 청아문화사
제본 | 정민문화사

발행처 | (주)휴머니스트 출판그룹
출판등록 | 제313-2007-000007호(2007년 1월 5일)
주소 | (121-869) 서울시 마포구 동교로23길 76(연남동)
전화 | 02-335-4422 팩스 | 02-334-3427
홈페이지 | www.humanistbooks.com

ⓒ 한일공통역사교재 제작팀, 2012

ISBN 978-89-5862-560-5 03910

* 이 도서의 국립중앙도서관 출판시도서목록(CIP)은 e-CIP홈페이지(http://www.nl.go.kr/ecip)
와 국가자료공동목록시스템(http://www.nl.go.kr/kolisnet)에서 이용하실 수 있습니다. (CIP
제어번호 : CIP2012005547)

만든 사람들

기획 | 최세정(se2001@humanistbooks.com) 최인영
편집 | 강승훈 엄귀영 김수영
디자인 | 김태형